Petra und Horst Rosenberger
Überwindung von Grenzen
Rollis on Tour

**Bibliografische Information der
Deutschen Nationalbibliothek:**
Die Deutsche Nationalbibliothek verzeichnet diese Publikation
in der Deutschen Nationalbibliografie; detaillierte bibliografische
Daten sind im Internet über dnb.d-nb.de abrufbar.

Umschlaggestaltung: Monique Thieser und Horst Rosenberger
Titelfoto: Monique Thieser
Fotos: Horst Rosenberger

Herstellung und Verlag:
Books on Demand, Norderstedt
ISBN: 978-3-84233-324-6

Vorwort

Im Sommer 2010 lernte ich Petra und Horst Rosenberger bei einem ihrer Multimedia-Reisevorträge in der Villa der Fürst Donnersmarck-Stiftung kennen. Die Idee, dass beide gemeinsam über ihre Reisen ein Buch veröffentlichen, fand ich großartig! Und als Lektorin habe ich mich gefreut, sie wenigstens im Geiste auf ihren – zum Teil abenteuerlichen – Unternehmungen begleiten zu dürfen.

Ihrer beider Talent, lebendig und anregend zu erzählen, hat bei mir als „Mitreisende" schöne Bilder entstehen lassen. Es ist ihnen eindrucksvoll gelungen, als Rollstuhlfahrer Grenzen – auch im übertragenen Sinne – zu überwinden.

Ich wünsche dem Ehepaar Rosenberger Mut zu neuen Reisen und dem Buch viele Leser, alte und junge!

Hilke Dethlefs

PETRA und HORST ROSENBERGER

Überwindung von Grenzen

Rollis on Tour

Erfahrungsberichte über Reisen im Rollstuhl

Mit Fotos von Horst Rosenberger

Für unsere Eltern
und unsere Tochter Monique

INHALT

PETRA ROSENBERGER

Prolog

Viel zu spät begreifen viele
die versäumten Lebensziele:
Freude, Schönheit der Natur,
Gesundheit, Reisen und Kultur.
Darum, Mensch, sei zeitig weise!
Höchste Zeit ist´s! Reise, Reise!
Wilhelm Busch 1832-1908

Das Handy klingelte. Horst drückte die grüne Annahmetaste. Er schien überrascht und blickte mich irgendwie ungläubig an. Nach seinem Gesichtsausdruck zu urteilen musste der Anrufer ein eher ungewöhnliches Anliegen vortragen.

Das ZDF rief an. Der Anruf erreichte uns, als wir ein paar Urlaubstage in unmittelbarer Nähe der Kureinrichtung Thermalbad-Wiesenbad verbrachten. Eine Auszeit, wenn möglich inclusive therapeutischer Anwendungen und ausgiebiger Nutzung der Thermalquelle, gönnen wir uns regelmäßig, um uns körperlich fit zu halten.

Das ZDF wollte zum Internationalen Tag der Behinderten im morgendlichen Fernsehen und in den „Heute"-Nachrichtensendungen einen Beitrag über Reisen von Menschen mit Behinderung senden und uns dazu interviewen.

Gemischte Gefühle überfielen uns blitzartig. Das Interview musste zeitnah erfolgen, und dies brachte unsere Pläne völlig durcheinander. Letztendlich siegte der Stolz, ausgewählt worden zu sein. Wir stimmten spontan zu.

Wieder einmal, wie so oft in unserem Leben, war von uns eine organisatorische Meisterleistung gefragt. Ein Blick in die Kalender zeigte, dass uns eine schnelle und unkomplizierte Lösung nur gelingen würde, wenn Horst sich allein dem Interview stellte. Leider war es für mich so kurzfristig nicht möglich, die längerfristig geplanten Beratungstermine mit meinen Klienten zu verlegen. Ein wenig enttäuscht war ich schon, aber absagen kam für uns nun nicht mehr in Frage, zumal ich vollstes Vertrauen hatte, dass Horst das auch super allein hin bekommt.

Wir schrieben den 3. Dezember 2009, den Internationalen Tag der Menschen mit Behinderungen. An diesem Morgen schalteten wir den Fernseher bereits vor Arbeitsbeginn ein. Gespannt und aufgeregt verfolgten wir die morgendliche Sendung, die nachfolgenden Beitrag ausstrahlte:

Einführende Worte des ZDF-Moderators:
„Endlose Stufen und Treppen, kein Lift, zu enge Durchgänge. Was für einen gesunden Menschen nur lästig ist, macht für knapp 7 Mio. Menschen mit Handicap in Deutschland das Reisen oft unmöglich. Am heutigen Internationalen Tag der Behinderten zeigen wir Ihnen, wie man trotzdem bis ans Ende der Welt kommt, und das im Rollstuhl.“

Susann Knakowske, Regisseurin
„Selbst am Polarkreis ist er gewesen. Horst Rosenberger ist Globetrotter und Rollstuhlfahrer. Motorschlittenfahren, Eisangeln, das können inzwischen auch Menschen mit Handicap erleben. Grand Canyon, Kanada, Australien – alles schon bereist.“

Horst Rosenberger
„Es gibt Regionen, ich sag` nur Amerika, Kanada oder auch Australien, das ist easy aus meiner Sicht. Sobald man aber in südlichen Ländern ist, wo die Infrastruktur eben nicht so ist, da kann es schon sehr kompliziert sein. Oft beginnen die Probleme schon bei der Planung. Reiseangebote von den gängigen Reiseveranstaltern - Fehlanzeige. Die TUI bietet nur vereinzelt behindertengerechte Hotels an, die auch nur über Spezialkataloge, für Sehbehinderte und Blinde gibt es keine besonderen Broschüren.“

Rüdiger Leidner, Nationale Koordinierungsstelle Tourismus für alle
„Die Studie der EU-Kommission kam zu dem Ergebnis, dass es nur ca. 2% aller Hotelzimmer sind, die für Rollstuhlfahrer barrierefrei zugänglich sind. Das beeinträchtigt die Auswahl, die Wahlmöglichkeiten natürlich auch sehr stark.“

Susann Knakowske, Regisseurin
„Wer eine Behinderung hat und verreisen will, muss beispielsweise

bei Spezialveranstaltern buchen, Fernreisen mit Begleitservice, Tasttouren für Blinde, Segeltörns für Rollifahrer. Die Koordinierungsstelle der Behindertenverbände bietet eine umfangreiche Tourismusliste, das Angebot ist breit aber auch teuer."

Horst Rosenberger

„Man muss klar sagen, dass die Reisen schon teurer sind, d.h. es sind immer superteure Hotels, dann so ein Bus, ich hab keine Ahnung, was der kostet, der muss ja dann auch bedient werden. Du musst aus dem Bus rein- und rauskommen, auch im Rollstuhl; also diesen Service muss man schließlich auch bezahlen."

Susann Knakowske, Regisseurin

„Diesen Service bietet (die Reiseagentur) Carsten Müller seit 20 Jahren. 7 Mill. gehandicapte Menschen leben in Deutschland. Der Markt ist überschaubar, aber er wird noch wachsen. Seine Bustouren buchen meist Senioren, und auch Jüngere schätzen sein Angebot."

Carsten Müller, Behinderten-Reiseagentur

„Wir haben auch schon Kunden im Bus gehabt, die fahren sonst nie mit uns. Aber Städtereisen machen sie mit uns, weil sie sagen, es ist viel einfacher, viel gemütlicher. Wir müssen in Paris nicht suchen, wo wir unser Auto abstellen. Sie fahren uns zu den entsprechenden Standorten und Museen, und wir steigen aus und haben also keine Probleme."

Susann Knakowske, Regisseurin

„Keine Parkplatzsuche, das überzeugte auch Petra und Horst Rosenberger. Paris und Rom bereisten sie mit dem Bus. Nach Athen ging es aber auf eigene Faust, denn überall dort, wo die Paralympics stattgefunden haben, sei es für sie nachher wie im Paradies. Nur Troja blieb eine undurchfahrbare Steinwüste."

Horst Rosenberger

„Wenn man reist, gibt es immer Dinge, die man nicht sehen kann. Aber ich sag' immer so: Nicht jeder kommt auf den Kilimandscharo, selbst wenn er Fußgänger ist."

Susann Knakowske, Regisseurin

„Mit dem Rollstuhl um die halbe Welt, er selbst sei der beste Beweis dafür, dass es auch mit Behinderung fast immer geht."

Durch diese Fernsehsendung angeregt tauchten wir am Abend nach der Arbeit ausgiebig in unsere Reiseerinnerungen ein. Wir erzählten uns wechselseitig spannende Erlebnisse. Uns fielen scheinbar endlos neue, interessante Episoden und Begegnungen ein. Schwierige Situationen, an die wir uns erinnerten, interpretierten wir im Nachhinein eher als kleine Kuriositäten. Wie wir diese erlebten und auch manch Abenteuerliches überstanden hatten - es sprudelte nur so aus uns heraus und

Cheops-Pyramide - Ägypten

brachte uns zum Lachen oder Schwärmen. Unsicher und leicht zweifelnd stellten wir uns die Frage: „Waren unsere Reisen sensationell genug, um auch für Andere von Interesse zu sein?"

No Limit - unter diesem Motto fahren Abenteurer im Rollstuhl mit einem Offroader durch die Sahara. Durchqueren mit dem

Handbike Indien oder reisen auf einem russischen Eisbrecher von Murmansk aus in die Arktis. Die extrem Risikofreudigen seilen sich abseits ausgebauter Führungswege in enge Klüfte hinab zum Höhlentrecking. Mögliche gesundheitliche Risiken werden dabei gelegentlich in Kauf genommen, manchmal auch ignoriert. Natürlich finden auch wir solche Unternehmungen aufregend und faszinierend und mitunter

Mersey River - Kanada

ter können wir uns einem kleinen Neidgefühl nicht ganz entziehen. Manch Leser mag solch spektakuläre Aktionen bei unseren Reisen vermissen.

Und dennoch: wir bereisten im Rollstuhl, meist allein, bereits fünf der sieben Kontinente, haben verschiedenste Abenteuer erlebt und sind dabei mitunter auch an unsere physischen Grenzen gestoßen.

Unsere Erlebnisse und Erfahrungen begeisterten nicht nur das ZDF, sondern seit langem auch schon Verwandte, Freunde und Bekannte, denen wir von unseren Unternehmungen erzählten. Davon angeregt haben wir einige Reisen als Multimedia-Shows zusammengestellt, die wir seit Jahren unter dem Motto „Rollis on Tour" regelmäßig 2 bis 3 Mal monatlich in Gesundheitseinrichtungen, auf Messen oder bei Vereinen vorführen. Wobei es uns immer wieder

Great Barrier Reef - Australien

großen Spaß macht, mit den Zuhörern in einen regen Erfahrungsaustausch zu treten.

In allen Ländern wurden wir bisher stets gastfreundlich aufgenommen und nie hatten wir das Gefühl, man wolle uns nicht unterstützen. Im Gegenteil, die Menschen waren hilfsbereit und begeistert. Sie trugen damit, für sie möglicherweise unbewusst, zum Gelingen unserer Reisen bei.

Manchmal können wir es selbst kaum fassen, wo wir schon überall waren und was wir dabei erlebt haben. Denn es gab Zeiten, da konnten wir uns dies überhaupt nicht vorstellen!

Monoskikurs - Österreich

Wir wurden beide in der ehemaligen DDR geboren. Ich verbrachte meine Kindheit in Sachsen, wohingegen Horst in Mecklenburg zu Hause war.

Möglicherweise war es für unser Schicksal bestimmend, dass wir in der Nähe der Elbe wohnten. Ende der Fünfziger Jahre erkrankten wir beide an Poliomyelitis (Kinderlähmung). Trotz Impfprogramm steckten sich damals hunderte, vielleicht tausende Menschen, an dieser wahrscheinlich infolge der Hochwasser der Elbe und ihrer Nebenflüsse ausgelösten Epidemie an.

Abrupt in der kindlichen Entwicklung unterbrochen, mussten wir nun mit einer körperlichen Behinderung umgehen lernen und für unsere Selbständigkeit kämpfen. Dieser Weg war sicher alles andere als einfach. Entmutigen lassen kam für uns nicht in Frage. Unser starker Lebenswille und die kindliche Neugier auf alles, was uns die Rückkehr in ein normales Leben ermöglichte, waren immer wieder Triebfeder für unseren Mut und gaben uns die Kraft, Stück für Stück erneut die Welt zu erobern.

Kennengelernt haben wir uns auf dem Gymnasium in Birkenwerder bei Berlin. In der DDR war dies eine sogenannte Erweiterte Oberschule für Körperbehinderte. Für schwerstgehbehinderte und rollstuhlfahrende Kinder die einzige Möglichkeit, das Abitur abzulegen.

Nach der Schule trennten sich noch einmal unsere Wege. Ich studierte Psychologie in Berlin und Horst in Ilmenau an der Technischen Hochschule in der Studienrichtung Biomedizinische Technik und Bionik. 1975 trafen wir uns zufällig in Berlin wieder. Inzwischen sind wir bereits 33 Jahre miteinander verheiratet.

Schon in der Kindheit sind wir beide gern gereist. Ich kann mich noch lebhaft an die regelmäßigen Fahrten ins Ferienlager erinnern. Ob wir zur Ostsee oder ins Gebirge fuhren, wir waren immer total begeistert von den vielen neuen Dingen, die wir gesehen und erfahren haben.

Bis zur Verwirklichung unserer gemeinsamen Reiseträume musste jedoch noch einige Zeit vergehen. Es gab vorrangig andere konkrete Lebensziele, die uns beanspruchten. Zunächst wollten wir unsere Studien erfolgreich abschließen und uns dann mit aller Kraft erst einmal auf den Arbeitsbeginn konzentrieren.

Doch bevor wir die Berufstätigkeit aufnahmen, gleich nach dem Studium, wurde unsere reizende Tochter geboren, die nun im Mittelpunkt stand und die ganze Aufmerksamkeit von uns bekam. Unsere kleine Familie war augenblicklich das Wertvollste und Wichtigste für uns auf der Welt.

Die Arbeit brachte uns das nötige Geld für weitere Aktivitäten. Aufgrund unserer Schwerstbehinderung, wir sind Rollstuhlfahrer, können jedoch mit Hilfe von Unterarmstützen und Bein-

Orthesen einige Schritte laufen, hatten wir die Möglichkeit, bevorzugt ein Auto, Marke Trabant, zu kaufen. In der Regel warteten die Menschen in der DDR acht bis zehn Jahre darauf.

Das war der Startschuss für erste Unternehmungen. Nun waren wir so beweglich, dass wir auch ohne Unterstützung weite Entfernungen zurücklegen konnten. Konkreten Reiseplanungen stand nichts mehr im Wege. Erst erkundeten wir unser Wohnumfeld, später die umliegenden Städte und deren

Unser erster Trabant

Umgebung. Urlaubsreisen führten uns zunächst in die unterschiedlichsten Regionen der DDR.

Stets war es für uns erforderlich, jede Reise gut vorzubereiten, denn die meisten Unterkünfte waren nicht ausreichend behindertengerecht ausgestattet. In der Regel erschlossen wir für uns akzeptable Kompromisslösungen.

Unsere positiven Erfahrungen machten uns Mut, auch Reisen ins Ausland zu planen. Erlaubt war damals nur, sich in den sogenannten sozialistischen Ländern aufzuhalten. So führten uns mehrere Urlaubsreisen nach Tschechien, die Slowakei, Polen und Ungarn. Da wir in diesen Ländern mehr als einmal unterwegs waren, haben wir noch heute zu ihnen eine besondere Beziehung. Sie gehören beständig zu unseren Reisezielen für Kurzurlaube.

Wir verreisten ausschließlich mit dem Auto. Zugfahren war uns zu umständlich, und Fliegen hatten wir nicht im Blick.

Ein einziges Mal spielte eine Flugreise für uns eine Rolle. Wir bekamen eine Einladung von einem Freund, ihn und seine Familie in Kuba zu besuchen. Er lebte etwa ein Jahr in der DDR, um eine Ausbildung in Horsts damaligem Betrieb zu absolvieren. Die Reise wurde uns ohne Begründung von der zuständigen Behörde abgelehnt.

Sicherlich kann man sich gut vorstellen, wie enttäuscht und ärgerlich wir waren, da Kuba doch auch zum sozialistischen Ausland zählte. Außerdem hofften wir aufgrund unserer Schwerbehinderung, dass es eine Ausnahmeregelung geben würde. Ich hatte bereits aus diesem Grund einen Reise-Pass und durfte regelmäßig mit dem eigenen Auto in die BRD und Westberlin fahren, um meine Verwandten zu besuchen.

Seit Mitte der 80iger Jahre wurden die Reisebestimmungen von der Regierung der DDR gelockert. Ich durfte nun eine Begleitperson auf diese Reisen mitnehmen. Wir waren regelrecht entzückt, denn jetzt konnten wir diese Fahrten gemeinsam unternehmen. Diese Bestimmungen bezogen sich ausschließlich auf die BRD, wobei zusätzlich eine notwendige Voraussetzung die Existenz von Verwandten war. Unsere Sehnsüchte und heimlichen Wünsche, auch andere Länder und Kontinente bereisen zu dürfen, erfüllten sich erneut damit nicht.

Als wir anfingen immer mehr an Grenzen zu stoßen, wurde 1989 unerwartet die Grenze geöffnet. Die Berliner Mauer fiel und die ganze Welt lag uns zu Füßen.

HORST ROSENBERGER

USA - Georgia
Südstaatenflair ohne Hindernisse

Die Welt ist ein Buch.
Wer nie reist,
sieht nur eine Seite davon.
Aurelius Augustinus (354 - 430)

Morgen ist Halloween. Wie in jedem Jahr ziehen kleine Horden kichernder und lärmender Kinder durch die Straßen und klingeln an den Wohnungstüren. Der Öffnende erblickt Hexen, Zauberer und Monster, die Tüten und Beutel hochrecken und „Süßes oder Saueres" fordern. Wie so oft ist dieser Trend über den großen Teich aus Amerika zu uns rüber geschwappt. Uns war dieser Brauch früher unbekannt. Bewusst erlebt haben wir ihn das erste Mal vor einigen Jahren in New Orleans. Überall auf den Treppen der Hauseingänge lagen Kürbisse, in denen Fratzen oder lächelnde Gesichter hineingeschnitzt waren. Als wir am Stadtrand von New Orleans an einer riesigen Lagerhalle mit dem Hinweis „Halloween" und „Sales" vorbeifuhren, hielten wir neugierig an. Wir wollten wissen, was sich dahinter verbarg. Hinter dem Eingang blieben wir überrascht stehen. Wir glaubten, im Requisitenfundus für einen Hollywood-Gruselfilm gestrandet zu sein. In Vitrinen und Regalen hingen und lagen Unmengen von Kostümen, Perücken und Masken zum Verkleiden und diverse andere Utensilien, die man braucht, um eine Wohnung in eine spinnwebenverhangene Höhle oder ein düsteres Burgverlies zu verwandeln. Einiges davon wirkte verdammt realistisch und sah schaurig aus.

In der Vergangenheit reisten wir schon öfter und zu den unterschiedlichsten Jahreszeiten in die USA. Dabei haben wir verschiedene Bräuche und Vorlieben der Amerikaner kennengelernt. Manche sind durchaus liebens- und nachahmenswert. Andere wiederum empfanden wir eher als ungewöhnlich oder sogar kitschig.

Die vielfältigen Landschaften, Metropolen und Kleinstädte und deren kontrastreiches Leben und Kultur sind jedoch unbedingt sehenswert und erlebnisreich. Bei einer Rundreise durch den Südwesten der USA besichtigten wir in Kalifornien das fast europäisch anmutende San Francisco. In der Region von Los Angeles begegneten uns die sozialen Unterschiede am krassesten.

Einerseits gibt es Hollywood, weltbekannt wegen seiner dort angesiedelten Filmindustrie und der Wohnviertel der Reichen und Schönen, andererseits die berüchtigten Slums der Schwarzafrikaner.

Im südlicher gelegenen San Diego fühlten wir uns dagegen fast wie in Mexiko. Wir durchquerten die weiten Wüstengebiete Arizonas und Nevadas bis zum berühmten Spielerparadies Las Vegas. Es war so heiß, dass zeitweise die Klimaanlage des Autos aussetzte.

Unterwegs verbrachten wir einige Tage am gigantischen Grand Canyon. Ein besonderes Erlebnis war ein Rundflug mit einem Helikopter. Der Pilot flog sogar tief in die Schlucht hinein, um uns das beeindruckende Panorama längs des sich hinschlängelnden Colorado-Rivers aus unmittelbarer Nähe zeigen zu können. Seit dem gab es durch unberechenbare Windböen immer wieder Unfälle, so dass das Eintauchen der Helikopter in den Canyon heute strikt verboten ist. Für uns als Rollstuhlfahrer war dieses einmalige Erlebnis kostenlos und wir mussten nur für unsere damals 16 jährige Tochter einen Flugschein lösen. Der Firmeninhaber, nach einem Unfall selbst an den Rollstuhl gebunden, hatte diese Sonderregelung verfügt. Mehrmals besuchten wir Florida, den sogenannten „Sunshine State". Dort begeisterten uns die kilometerlangen weißen Sandstrände sowohl auf der Atlantikseite als auch am Golf von Mexiko, genauso wie die urwüchsigen Sumpfgebiete, in denen zahlreiche Alligatoren leben. Unvergesslich ist eine Fahrt auf dem Atlantik vor den Florida Keys mit einem gemieteten Boot, während der es uns außerdem gelang, Fische für das Abendessen zu angeln.

Die USA bieten neben Kanada und Australien für rollstuhlfahrende Reisende nahezu ungeahnte, fast paradiesische Bedingungen und Möglichkeiten. Alle öffentlichen Einrichtungen, die Museen, Theater und auch Gaststätten sind ohne Sonderverabredungen auf üblichen Wegen erreichbar und immer mit einer Toilette für Rollstuhlfahrer ausgestattet. In unmittelbarer Nähe der Gebäude gibt es Behindertenparkplätze. Dadurch waren unsere Unternehmungen viel einfacher zu planen und durchzuführen. Selbst eine gewisse Spontanität mussten wir nicht unterdrücken. Es stärkt ungemein das Selbstbewusstsein, wenn man meist ohne Hilfe zurechtkommt und nicht ständig mit teilweise unnötigen Barrieren konfrontiert wird. In diesen Ländern wird das Prinzip der Inklusion[1] schon weitgehend umgesetzt, während in Europa diesbezüglich noch ein riesiger Nachholebedarf besteht.

Diesmal wählten wir den US-Bundesstaat Georgia als Reiseziel. Auch dessen Hauptstadt Atlanta, auf deren Flughafen wir schon des Öfteren zwischengelandet waren, wollten wir nun endlich einmal kennenlernen. Außerdem hofften wir, den durch Romane und Filme geprägten Mythos vom romantisch verklärten "Alten Süden" mit seinen riesigen Plantagen und Herrenhäusern hier aufzuspüren und in der Realität zu erleben. Aus diesem Grund hatten wir uns für eine Rundreise entschieden.

Georgia gehört zu den Gründerstaaten der USA. Mit seinen fast 8 Mill. Menschen zählt er zu den bevölkerungsreichsten Bundesstaaten. Bedingt durch die damalige Sklaverei hat die Region bis heute mit ca. 70 Prozent einen besonders hohen Anteil an schwarzafrikanischer Bevölkerung. Der Großteil der Bevölkerung wohnt offenbar im Ballungsraum Atlanta, denn meistens sahen wir auf unserer Fahrt nur ausgedehnte Wald- und Feldflächen, die nur hin und wieder von kleineren Siedlungen unterbrochen wurden. Georgia wird liebevoll auch „Peach State", zu deutsch „Pfirsich-Staat", genannt, weil diese Früchte hier in großen Mengen angebaut werden.

Die Natur dieses Landes bot uns überaus reizvolle Kontraste. Im

---

[1] siehe z.B. bei Wikipedia: „Die Forderung nach Sozialer Inklusion ist verwirklicht, wenn jeder Mensch in seiner Individualität von der Gesellschaft akzeptiert wird und die Möglichkeit hat, in vollen Umfang an ihr teilzuhaben."

Osten wird es vom Atlantik begrenzt. Landeinwärts dehnen sich große Sumpfgebiete aus. In nordwestlicher Richtung steigt das Land stetig an und endet in dicht bewaldetem Gebirge.

Unsere Reiseroute legten wir mit Hilfe verschiedener Reiseführer und dem World Wide Web schon zu Hause fest. Die Unterkunft in Atlanta und auch ein Auto, umgebaut auf Handbedienung von Gas und Bremse, buchten wir per Internet. Kurz vor Reisebeginn erhielten wir jedoch eine E-Mail, in der man uns mitteilte, dass unser gebuchtes Hotel Insolvenz angemeldet hatte. In einer anderen Herberge könnte aber für uns ein Zimmer reserviert werden. Wir stimmten einer Umbuchung zu und hofften, dass alle für uns notwendigen Bedingungen erfüllt sein würden. Aus den Erfahrungen der vergangenen Reisen in die USA blickten wir dem zuversichtlich entgegen.

Am Tag der Abreise brachte uns ein Taxi zum Flughafen Berlin-Tegel, denn von dort sollte unser Flugzeug starten. Müsste man nicht meinen, dass das Fliegen aufgrund der vielen bisherigen Flugreisen für uns inzwischen zur Routine geworden ist? Leider nicht. Petra findet diesen Reiseabschnitt jedes Mal äußerst nervenaufreibend. Stets ist sie wahnsinnig aufgeregt und hochgradig angespannt.

Und diesmal war es besonders beunruhigend. Es war unser erster Flug in die USA nach den Terroranschlägen vom 11. September 2001. Die Sicherheitskontrollen nach Amerika, schon immer sehr intensiv, waren offensichtlich noch verschärft worden. Für uns bedeutete es, dass wir die Rollstühle auf jeden Fall als Gepäck aufgeben mussten. Der Flughafensozialdienst wurde telefonisch informiert. Zwei Mitarbeiter trafen nach kurzer Zeit bei uns ein und halfen uns beim Umsetzen in flughafeneigene rollende Ungetüme. Diese fühlten sich zwar fremd an und waren nicht passgerecht, aber mit ein wenig Mühe konnten wir uns auch ohne Schiebehilfe fortbewegen.

Das ist nicht immer so. In manchen Flughäfen werden Transportstühle benutzt, die wie Stühle auf Rädern aussehen und eine so schmale Sitzfläche haben, dass wir fürchten müssen, bei der geringsten Bewegung abzustürzen. Außerdem ist es überaus unangenehm, weil wir uns allein nicht den kleinsten Zentimeter fortbewegen können. Beim Transfer fühlt sich das an, als würde man von den Flughafenmitarbeitern mit einer Sackkarre trans-

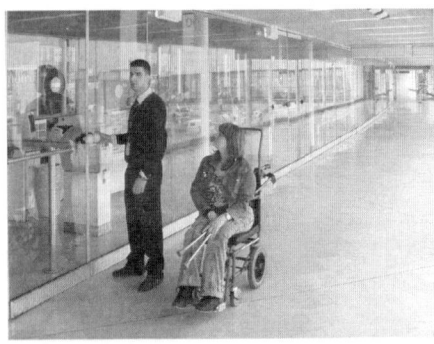

„Stuhl auf Rädern" im Flughafen

portiert. Dabei kann es durchaus passieren, dass man bis zum Abflug für längere Zeit an einem Platz in der Wartezone abgestellt wird. In diesem Fall empfiehlt es sich, viel Geduld und ein dickes Buch mitzubringen. Obwohl für uns stets wohlwollend gesorgt wird und wir noch nie vergessen wurden, empfinden wir die Situation jedes Mal deprimierend und lähmend. Wir spüren abrupt die geballte Hilflosigkeit, das Ausgeliefertsein und fühlen uns wie Läufer, denen noch vor dem Erreichen des Ziels die Beine amputiert wurden. Besonders strapaziös ist das bei Langstreckenflügen, wo die Zwischenlandung mehrere Stunden dauern kann.

Auf dieser Flugreise hatten wir auf dem Flughafen Charles de Gaulle in Paris einen kurzen Aufenthalt. Hoffentlich ausreichend Zeit zum Umsteigen! Unsere eigenen Rollstühle standen uns, da als Gepäck aufgegeben, nicht zur Verfügung. Also wurden wir durch das halbe Flughafengebäude geschoben, auch durch Bereiche, die an sich nur dem Personal zugängig sind. Auf dem Weg zum Abflugsektor gab es noch eine Sicherheitskontrolle. Als wir den Wartebereich erreichten, stellte uns das Servicepersonal dort ab, lächelte uns aufmunternd zu, sagte irgendetwas auf Französisch und verschwand.

Nach einer Weile rief man unseren Flug auf. Die anderen Fluggäste gingen zum Check-in-Schalter und eine Treppe hinab. Wir waren allein! Die Zeit verging. Nach einem Blick auf die Uhr wurden wir langsam nervös. Die Abflugzeit rückte bedrohlich näher und keiner holte uns ab. Wir machten uns gegenseitig Mut, indem wir uns erklärten, dass wir bisher immer rechtzeitig im Flieger gesessen haben und sie noch nie ohne uns abgeflogen sind.

Endlich tauchte das Servicepersonal auf und rollte uns eiligst einen Gang entlang zu einem Fahrstuhl. Unten wartete bereits ein Shuttle auf uns, ein spezieller Kleinbus. Wir dachten, dass wir das letzte Stück Weg vom Terminal bis zum auf dem Rollfeld stehenden Flieger gebracht würden. Ich kletterte mit viel Mühe und Hilfe die an der Seitentür ausgeklappten Stufen in den Bus. Als Petra den Männern versuchte begreiflich zu machen, dass sie das so nicht kann, fiel ihnen ein, dass der Bus auch über eine ausschwenkbare Rampe verfügte. Über diese rollte einer der Helfer sie ohne große Anstrengung in den Bus. Wir schauten etwas irritiert, als wir kaum eine Minute später vor einem anderen Terminal hielten und aussteigen mussten. Ohne Außentreppe sondern über die Fluggastbrücke gelangten wir problemlos ins Flugzeug. Wozu dieser Aufwand?

Viele Stunden Flug lagen vor uns. Eingequetscht in die enge Sitzreihe verbrachten wir die Zeit zum größten Teil mit Lesen oder Schlafen unterbrochen einzig durch die netten Stewardessen, die Mahlzeiten und Getränke servierten. Je näher wir dem ersehnten Reiseziel kamen, um so aufgeregter waren wir. Hoffentlich sind alle Gepäckstücke und vor allem unsere Rollstühle mitgenommen worden. Für uns wäre es ein Albtraum, sollten sie am Zielflughafen fehlen oder defekt sein.

Nach der Landung wurden wir abgeholt, passierten mit den Helfern erneut mehrere Kontrollstellen und konnten es kaum erwarten, zum Gepäckband gebracht zu werden. Denn erst, wenn wir in den eigenen Rollstühlen sitzen, sind wir auch angekommen und haben den Kopf frei für alles andere. Während wir noch auf die Koffer warteten, entdeckten wir die Rollstühle schon in einer Ecke bei den übergroßen Gepäckstücken, wie z.B. Golftaschen. Ein Stein, nein, ein großer Felsbrocken, fiel uns vom Herzen.

Wir angelten uns das Reisegepäck nacheinander vom Band. Ich habe vorn am Rollstuhlrahmen ausklappbare Transportträger, sogenannte Caddys. Auf diese Bügel, quer vor meinen Beinen, stellte ich einen Koffer, der zusätzlichen Halt dadurch erhält, dass eine Reisetasche längs bis auf die Oberschenkel gelegt wird. Jeder nimmt noch einen Rucksack, den wir hinten an die Schiebegriffe des Rollstuhles hängen.

So bepackt rollten wir Richtung Ausgang auf der Suche nach der Autovermietung, um unser vorbestelltes Auto abzuholen. Dabei stellten wir fest, dass sie sich nicht unmittelbar im Flughafengelände, sondern einige Kilometer entfernt, befand. Es gab einen kostenlosen Zubringershuttle. Wir brauchten nicht lange an der Haltestelle zu warten. Der Bus war rollstuhlzugänglich und der freundliche Fahrer half uns, unser Reisegepäck zu verstauen. Nach ungefähr einer halben Stunde Fahrzeit erreichten wir den Autoverleih.

Inzwischen war es Abend geworden und wir hofften auf eine schnelle und problemlose Übernahme des Wagens. Daraus wurde leider nichts. Das Auto war nicht da! Wir konnten nicht genau verstehen, ob ein Kollege gefunden werden musste, der es abholen sollte, oder ob es Probleme mit dem Umbau gab. Nach zwei Stunden Wartezeit führte uns ein netter Mitarbeiter endlich zu dem Van. Petras schlechte Laune war augenblicklich verflogen, als sie sah, dass es ein absolut auf unsere Bedürfnisse abgestimmtes, auf Handbedienung umgebautes Auto war. Geschwind noch die Papiere ausgefüllt, und wir könnten endlich zum Hotel fahren. Aber es verlief erneut nicht problemlos. Es gab Ärger mit einer Zusatz-Versicherung, die wir noch einmal abschließen sollten, obwohl diese in Deutschland bereits bezahlt war. Ich brauchte längere Zeit und enorme Überzeugungskraft, um mich mit ihnen zu einigen. Es wurde immer später und unsere Stimmung zunehmend schlechter. Kurz nach Mitternacht gab es endgültig grünes Licht. Ich glaube, die Mitarbeiter haben entnervt aufgegeben. Egal wie, wir konnten letztendlich ins Hotel fahren.

Dieses hatten wir ohne Schwierigkeiten und im Handumdrehen gefunden. Das Auto stellten wir auf dem vorm Haus befindlichen Behindertenparkplatz ab. Eine schiefe Ebene führte neben der Treppe zum Eingang. Ein Lift war auch vorhanden. Uns erwartete kein Hotelzimmer, sondern ein geräumiges Appartement mit Wohnraum, Schlafzimmer und Bad. Alles wirkte etwas abgewohnt und die Wasserspülung des WC lief unaufhörlich. Um Handwerker wollten wir uns am nächsten Tag kümmern, denn erst einmal sehnten wir uns nur nach einem Bett. Kaum hatten wir uns hingelegt, fielen wir auch schon in einen traumlosen Schlaf. Die Zeitverschiebung bewirkte bei mir, dass ich bereits kurz nach 3 Uhr morgens erwachte. Da ich nicht mehr einschlafen konnte, stand ich auf. Während Petra sich noch einmal in ihre Decke kuschelte, begann ich, den mitgebrachten Reiseführer und die bei der Ankunft an der Rezeption eingesammelten Prospekte zu studieren, um unseren ersten Urlaubstag zu planen.

Gegen 8 Uhr war auch Petra ausgeschlafen. Wir fuhren mit dem Lift zum Frühstücksraum. Dieser war spartanisch eingerichtet und erinnerte an das unterkühlte Flair einer Betriebskantine. Er war bereits gut besucht und wir hatten Mühe, einen Platz zu finden. An das amerikanische Frühstück müssen wir uns immer aufs Neue gewönnen. Aufgeplustertes Weißbrot, meist als Toastbrot gereicht, Muffins, Butter und Marmelade sowie ein fast ungenießbarer Kaffee sind eine echte Herausforderung. Ich werde hier regelmäßig zum Teetrinker.

An unserem ersten Urlaubstag wollten wir Atlanta besichtigen.

Die Stadt wurde 1837 gegründet, war 1996 Austragungsort der Olympischen Sommerspiele und ist die größte Wirtschaftsmetropole im Südosten der USA. Sie gilt als Shopping-Paradies und lockt dadurch viele Touristen aus aller Welt an.

Das Hauptfortbewegungsmittel in den USA, natürlich auch in Atlanta, ist bekanntlich das Auto. Doch die Stadt verfügt über ein effizientes öffentliches Nahverkehrssystem, die MARTA. Es ist weitläufig ausgelegt mit 4 U-Bahn- und diversen Buslinien und wird von den Bewohnern, aber auch den Touristen, gern und häufig genutzt. Wir hatten bei der Anfahrt zum Hotel entdeckt, dass wir nur zwei Blocks, sozusagen 2 Querstraßen, entfernt von der U-Bahn wohnten. Deshalb entschieden wir, das Auto stehen zu lassen und die Metropole per Rollstuhl zu erkunden.

Mühelos rollten wir die leicht abschüssige Straße bis zum U-Bahnhof. Dass wir auf dem Nachhauseweg den Berg wiederum hinauf mussten, darüber dachten wir in diesem Moment noch nicht nach. Am Bahnhofsgebäude angekommen, orientierten wir uns erst einmal an den Hinweisschildern. Freundliche und hilfsbereite Sicherheitskräfte halfen uns beim Lösen eines Tickets am Automaten, weil wir nicht wussten, wie sie funktionierten. Da wir durch die Drehkreuze mit dem Rollstuhl nicht durchpassten, gab es für uns spezielle verglaste Durchgänge. Die Bahnen fuhren alle zehn Minuten. Wir mussten nicht lange auf die nächste warten. Schwellenlos gelangten wir hinein und blitzschnell brachte sie uns ins Zentrum. Die U-Bahn konnten wir uneingeschränkt benutzen. Wir brauchten uns nicht, wie zu Hause in Berlin, den Kopf darüber zerbrechen, ob unser gewünschter Zielbahnhof überhaupt einen Aufzug hat!

Wir fuhren in die Innenstadt. In den als „sicher" und „gewaltfrei" ausgeschriebenen Innenstadtbereichen ist Atlanta beinahe eine „Fußgängerstadt" zu nennen, was für die USA eher untypisch ist. Überrascht und beeindruckt waren wir, von welch starken Gegensätzen die Stadt noch heute geprägt ist. Alt und Neu, Arm und Reich, Schwarz und Weiss existieren hier nebeneinander. Besonders im Zentrum, Downtown genannt, drängen sich Hochhausgiganten aus

Downtown - Atlanta

Glas, Beton und Stahl, ein wahres Paradies für Liebhaber der modernen und postmodernen Baukunst.

An der Station „Five Points" stiegen wir aus. Der Ausgangsbereich führte zwangsläufig und direkt in eine überdachte Einkaufspassage, das sogenannte „Undergroundcenter". Auf drei Stockwerken befinden sich verschiedene Restaurants, Bars und viele Geschäfte und Boutiquen, in denen genug Platz war, um auch mit dem Rollstuhl nach Herzenslust umherzustöbern. Früher war dieser Komplex ein großer Bahnhof.

Wir beschlossen, hier einen kleinen Einkaufsbummel zu machen und schon mal zu schauen, was es so zu kaufen gab. Die Kneipen von Underground sind eine gute Adresse in Atlanta, um abends auszugehen. Wir suchten uns eine gemütlich aussehende Gaststätte, in die wir einkehrten. Zum Essen bestellten wir je ein Glas Bier und ein Glas Wein. Für uns etwas ungewohnt und merkwürdig, gleichzeitig aber spaßig, war, dass der Kellner von uns einen Pass verlangte, obwohl er uns sicher ansah, dass wir deutlich älter als 21 waren. Wissend, dass in den USA der Ausschank alkoholischer Getränke an Personen unter 21 Jahren verboten ist, haben wir die Kontrolle bisher nur im Supermarkt erlebt. Auch wenn wir uns noch so amüsierten, er nahm seine Aufgabe ernst. Mit Respekt einflößender Stimme erklärte er, dass er das überprüfen muss, sonst dürfe er uns keinen Alkohol servieren. Daraufhin zeigten wir brav den Pass, um ihn nicht zu verärgern.

Nach einem leckeren Mittagsmahl zogen wir weiter und steuerten den ersten der vielen Höhepunkte unserer Erkundungstour an.

Überall in der Stadt erblickten wir das Coca-Cola-Symbol. Kein Wunder, denn das Hauptquartier der Firma hat seinen Sitz hier in Atlanta. Der Spaziergang durch den Underground führte uns fast zwangsläufig zu einem Museum, welches sich „The World of Coca-Cola" nennt.

Museen, so auch dieses, sind hier grundsätzlich für uns Rollstuhlfahrer zugänglich. Fahrstühle, schiefe Ebenen, breite Türen und Rollstuhlfahrertoiletten gehören zur Grundausstattung. Wir konnten genau wie die nichtbehinderten Museumsbesucher alle Bereiche ohne Einschränkungen erreichen. Für Menschen mit einer Gehbehinderung und ältere Bürger standen kostenlos Leihrollstühle bereit, damit auch sie entspannt die kurzweilig

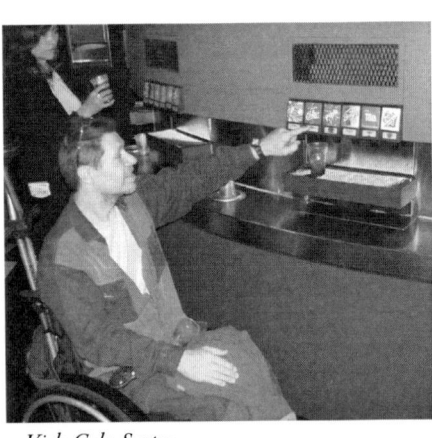

Viele Cola-Sorten

gestaltete Ausstellung, die im Jahr 1990 eröffnete, genießen konnten. Selbst wenn man nicht zu den Cola-Trinkern gehört, kann man sich dem Charme der weltgrößten Sammlung von Coca-Cola-Erinnerungsstücken nicht entziehen. Die Getränke werden heute in über 185 Ländern verkauft. Darunter befinden sich auch Produkte, die wir in Deutschland nicht kennen. Am Schluss des Rundganges gelangten wir in einen großen Raum.

Hier standen futuristisch aussehende Automaten. Kostenlos konnten wir diverse Cola-Sorten, aber auch andere Getränke-sorten des Herstellers mit Geschmacksrichtungen aus den unter-schiedlichsten Regionen der Welt probieren. Am Ausgang wurde die bisher produzierte Menge angezeigt. Zum Zeitpunkt unseres Besuches zeigte die Leuchttafel die unglaubliche Anzahl von 7 609 033 116 696 Getränken.

Wir hatten das Museum verlassen, und während wir noch über-legten, was wir uns als Nächstes ansehen wollten, entdeckten wir in der Ferne eine vergoldete Kuppel. Sie sah aus wie das Capitol in Washington. Das interessierte uns! In dem 1889 fertiggestell-ten Gebäude haben Parlament und Regierung des Bundesstaates ihren Sitz. Beim Umrunden des ausgedehnten Baus erfreuten wir uns an den liebevoll angelegten Tulpenbeeten und entdeckten ein Reiterstandbild mit einer Inschrift auf dem Sockel, die erklärte, dass dies J. B. Gordon ist. Er war ein General der Süd-staatenarmee und später Gouverneur von Georgia.

Ein im Hotel ausgelegter Prospekt hatte uns darauf aufmerk-sam gemacht, dass der vor allem für seine Nachrichten und aktu-ellen Berichterstattungen bekannte Nachrichtensender CNN Touren durch seine Studios anbietet. Das wollten wir uns nicht entgehen lassen. Wir rollten zum CNN-Komplex. Das Gebäude wurde 1976 errichtet und wie viele Hochhäuser in amerikani-schen Innenstädten als multifunktioneller Gebäudekomplex gestaltet. Neben den Studios von CNN befinden sich hier diverse Läden, Cafés, Kinos, Sportclubs, Büros und sogar Woh-nungen. Es hat überdies seine eigene U-Bahn-Station. Ein merk-würdiges Gefühl beschlich uns, als uns bewusst wurde, dass man hier leben konnte, ohne das Gebäude je verlassen zu müssen.

Wir waren interessiert, zu erfahren, wie die Welt mit Nach-richten versorgt wird. Täglich werden Führungen von knapp einer Stunde zwischen 9 und 17 Uhr angeboten. Als wir die Tour buchen wollten, erfuhren wir, dass der Weg über mehrere Stockwerke sowie eine Freitreppe führt. Routiniert wurde umorganisiert. Wir erhielten eine eigene Führung! Unsere Tour dauerte insgesamt etwas länger, denn wir mussten den Lift benutzen, um in die einzelnen Etagen zu gelangen. Kleinere Umwege waren wiederum notwendig, um den Fahrstuhl zu erreichen.

Unbekannt für uns war, dass CNN sich zu einem nicht unerheblichen Teil über diese Führungen finanziert. Neben hochinteressanten Informationen rund um das Thema Nachrichten hatten wir jede Menge Spaß.

„Nachrichtensprecher" im CNN-Studio

In einem Nachrichtenstudio mit entsprechender Ausstattung, wie Kamera und Teleprompter, einem Bildschirm von dem man den Text abließt, durften wir unser Talent als Nachrichtensprecher oder Wetterfee ausprobieren.

Vom CNN-Gebäude aus rollten wir in westlicher Richtung am World-Congress-Center entlang und kamen zum Georgia Dome, dem neuen Wahrzeichen der Stadt. Er ist so hoch wie ein 27 stöckiges Haus und das größte Football-Stadion der Welt, welches von einer freitragenden Kuppel völlig überdacht wird. Bis zu 80.000 Zuschauer finden hier Platz. Diesmal ohne Umwege - zusammen mit den anderen Besuchern - gelangten wir barrierefrei hinein und besuchten ein Konzert mit Elton John. 35.000 Menschen konnten dieses unglaubliche Event erleben. Und wir waren dabei!

Im Reiseführer hatten wir gelesen, dass auch in einigen - mehr am Stadtrand gelegenen - Vierteln besonders sehenswerte Gebäudekomplexe, sogenannte „Megamalls", zu finden sind. Wir entschieden uns für den „Lenox Square". Um ihn zu erreichen, war es für uns diesmal einfacher, mit dem Mietwagen dorthin zu fahren. In dem markanten Würfel aus Stahl und Glas, der zu den weltweit größten Shopping- und Unterhaltungszentren gehört, gibt es mehr als 200 Geschäfte, mehrere Kinos und eine umfangreiche Auswahl an Kneipen und stilvollen Restaurants. Obwohl wir keinen Einkaufsbummel vorhatten, war es für uns spannend und interessant, durch solch ein für uns Europäer eher unbekanntes, gigantisches Einkaufszentrum zu schlendern.

Im südlichsten Stadtteil, direkt neben dem Zoo von Atlanta gelegen, befindet sich eine bedeutsame und gleichzeitig eindrucksvolle Attraktion, das „Cyclorama". Dieses, im Stil alter deutscher Monumental-Rundgemälde geschaffen, sollte uns die Geschichte der Südstaaten etwas näher bringen. Beim Betrachten wurden wir augenblicklich an das dramatische Filmepos „Fackeln im Sturm" erinnert. Das gigantische, dreiteilige Diarama besteht aus einem riesigen 109 m langen Ölgemälde auf runder Leinwand und ins Bild übergehenden perspektivischen Figuren. Dargestellt wurde der 22. Juli 1864, als die Unionstruppen in einer geschichtlich bedeutsamen Schlacht Atlanta eroberten. Bei realistischer Beleuchtung und Geräuschkulisse saßen wir auf einer sich drehenden Mittelplattform. Diese hatten wir problemlos mit dem extra für Rollstuhlfahrer eingebauten Fahrstuhl erreicht und erlebten mit den ca. 200 Besuchern das Schlachtengetümmel.

Die letzten Stunden unseres Atlantaaufenthaltes wollten wir nutzen, um die Umgebung der Großstadt zu erkunden. Ein warmer Frühlingstag war wie geschaffen dafür.

Unser Mietauto war uns inzwischen schon vertraut. Auf der vierzehnspurigen Autobahn kämpften wir zunächst erst einmal mit dem großstadttypischen, amerikanischen Verkehr. Anfänglich hatten wir noch Orientierungsprobleme mit der Beschilderung, aber das war nur Gewohnheitssache.

Unser Ziel war das touristisch kaum bekannte Dorf Jonesboro. Auf der Fahrt dorthin entdeckten wir endlich einiges von der Lebensweise der Menschen. Die spezielle Gestaltung ihrer

Margaret-Mitchell-Museum - Jonesboro

Häuser und Gärten, aber auch der meist winzig kleinen Orte brachte uns das gewisse Südstaatenflair schon etwas näher. In Jonesboro wollten wir ein Museum besuchen. Dieses erinnert an Margaret Mitchell, deren Familie hier gelebt hat. Sie ist die Autorin des weltberühmten Südstaatenromans: "Vom Winde verweht". Schade! Genau an diesem Tag hatte das Museum Ruhetag. So blieb uns nur ein Blick auf die mit Blumen und weißen Skulpturen ländlich romantisch gestaltete Außenanlage des Hauses.

Wir fuhren zurück. Unterwegs machten wir Halt am „Stone Mountain Park". Diese großzügig angelegte Parkanlage war als Gedenkstätte für die im Bürgerkrieg gefallenen Südstaatler gedacht. Inzwischen hat sie sich aber zu einem der beliebtesten Ausflugziele für Familien in der Umgebung von Atlanta entwickelt. Sie ist eine amerikatypische Mischung aus Erholungspark und historischer Stätte mitten in einer schönen Seen- und Waldlandschaft. Durch die unmittelbare Nähe zur Großstadt ist es hier fast immer überfüllt.

Die wichtigste Sehenswürdigkeit im Herzen des Geländes ist das „Confederate Memorial Carving". Vom Parkplatz aus, vorbei an kleinen Buden mit allerlei Souvenirs, rollten wir, streckenweise recht mühselig, durch das stark hügelige Gelände zu dem gigantischen Felsen, dem größten Granitmonolithen der Welt. Er ist

263 m hoch und hat 8 km Umfang. Schon von weitem sahen wir das riesige, aus dem Stein heraus gemeißelte Reiterrelief, das eine Fläche von fast 1600 qm haben soll. Es zeigt die drei Anführer der damaligen konföderierten Südstaatenarmee, den Präsidenten Jefferson Davis und seine beiden Generäle Stonewell Jackson und Robert E. Lee.

Unser Ziel war die Haltestelle der Seilbahn. Kurz bevor wir sie erreichten, entdeckten wir die Bimmelbahn, die zwischen Parkplatz und Seilbahn-Haltestelle hin und her pendelte. Ärgerlich! Wären wir unten am Parkplatz aufmerksamer gewesen, hätten wir uns weniger quälen müssen. Doch von den Steigungen abgesehen, kamen wir mit unseren Rollstühlen im Park erwartungsgemäß ohne Probleme zurecht. Es gab keine Attraktion, die wir nicht genauso erschließen und nutzen konnten wie die „Fußgänger". Auch die Seilbahnkabine war stufenlos erreichbar und so geräumig, dass für beide Rollstühle ausreichend Platz am Fenster vorhanden war. So hatten wir während der ganzen Gondelfahrt eine tolle Aussicht auf die Umgebung.

Oben auf dem Gipfel war es relativ eben. Überall flanierten Besucher, um die schönsten Aussichtspunkte zu entdecken. Der steinige Untergrund, nur hier und da von Flecken grüngelber Flechten durchsetzt, zog sich, wie mit großen Granitplatten gepflastert, leicht wellig

Auf dem Felsen - Stone Mountain Park

dahin. Ich wagte mich mit dem Rollstuhl auf den Felsen hinaus und genoss den Ausblick direkt von dort, während Petra lieber auf der sicheren Aussichtsterrasse blieb. Belohnt wurden wir beide mit einem phantastischen Blick auf die Skyline der im

Dunst liegenden Stadt Atlanta.

Von oben entdeckten wir auf dem sich am Fuße des Berges hinschlängelnden See einen Raddampfer mit rauchendem Schornstein. Wir nahmen uns

Aussichtsterrasse - Stone Mountain Park

vor, den erlebnisreichen Ausflug mit einer Fahrt auf dem historischen Schiff zu beenden. Von der angenehmen Seebrise erfrischt, die der Fahrtwind erzeugte, durchquerten wir in der warmen Nachmittagssonne geruhsam eine reizvolle Seenlandschaft.

Nach der mehrtägigen Erkundung der Hauptstadt und des Umlandes hatten wir für unsere zweite Urlaubswoche eine Rundreise durch weitere Gegenden geplant. So war die Zeit gekommen, Atlanta zu verlassen. Nach dem Frühstück fuhren wir auf dem Highway 20 bei wenig Autoverkehr in aller Ruhe die etwa 250 km bis Augusta, der zweitgrößten Stadt Georgias und Grenzstadt zu South Carolina.

Gegen Mittag erreichten wir die ungewöhnlich saubere Stadt und checkten im Motel ein. Wenn wir auf der Rundreise eine unbekannte Ortschaft ansteuerten, um einige Tage dort zu verweilen, begannen wir die Erkundung stets im „Information Center", dem Touristenbüro der Stadt, eine Einrichtung, über die jede größere Örtlichkeit in den USA verfügt. Unseren Erfahrungen zufolge ist jeder Besucher gut beraten, diese zuerst aufzusuchen. Von den freundlichen und hilfsbereiten Mitarbeitern erfuhren wir Wissenswertes über den Ort, seine Sehenswürdigkeiten und Besonderheiten. Bei Bedarf vermitteln sie auch Hotelzimmer bzw. Pensionen. Fast immer bekamen wir kostenlos einen Stadtplan. Außerdem teilten sie uns mit, welche interessanten Ereignisse oder kulturellen Veranstaltungen derzeit stattfanden. Für uns besonders wichtig war es, in Erfahrung zu bringen, wie wir mit dem Rollstuhl in der Stadt klarkommen würden.

Im Gespräch erklärten sie uns, dass Augusta auch als Golfhauptstadt gilt. Seit 1934 ist sie außerdem Austragungsort des „Masters Tounaments", eines der vier größten und bedeutendsten, jährlich stattfindenden, sogenannten „Major-Turniere". Für den deutschen Golfspieler Bernhard Langer bisher zwei Mal Gipfel der Freude, denn er siegte 1985 und 1993.

Die Stadt hat zum Gedenken an die Gewinner der Golf-Wettkämpfe im Botanischen Garten die „Georgia Hall of Fame", einen öffentlichen Golf-Erinnerungs-Park, als wundervolle touristische Attraktion geschaffen. In einem bungalowähnlichen Bau unmittelbar am Eingang der Anlage befand sich ein kleines Museum. Hier war auch die über eine Rampe erreichbare Kasse untergebracht. Davor waren zahlreiche Behindertenparkplätze vorhanden, die uns langes Suchen nach einer Parkmöglichkeit ersparten.

Da der Park an einen Golfplatz angepasst, weitläufig angelegt wurde, kann man sich für die Besichtigung kostenlos einen Golfcaddy ausleihen. Auch wir wollten den Rundgang möglichst ohne größere Anstrengung genießen. Wir sahen uns deshalb die Caddys näher an und entdeck-

Kostenlose Golfcaddys im Park - Augusta

ten, dass sie per Hand gesteuert werden konnten. Doch wohin mit den Rollstühlen? Meinen Stuhl ließen wir im Auto und Petras banden wir auf den Rücksitzen fest. Das hielt und wackelte auch nicht - los ging die Erkundungstour! Wir waren begeistert. Der Park zeichnete sich durch wunderschöne und stilvoll gestaltete Garten-Anlagen aus. In den verschiedensten Teilen entdeckten wir in Bronze gegossen Golf-Asse.

Ein weiterer attraktiver Ort zum Bummeln ist die Uferpromenade am Savannah River. Früher wurde hier Baumwolle gelagert und per Bahn und Frachtschiff abtransportiert. Gleich neben dem Parkplatz führt eine breite, lange Rampe zur Promenade hinauf. So konnten auch wir barrierefrei auf dem Damm am Fluss entlang rollen. Bei diesem gemütlichen Spaziergang wurden wir mit unvergleichlich schönen Ausblicken belohnt.

Am nächstem Tag hatten wir uns etwas Besonderes vorgenommen. Ausgeschlafen starteten wir gleich nach dem Frühstück. Es versprach, ein heißer Frühlingstag zu werden.

Phinizi-Sumpf - Nahe Augusta

Sumpf- und Moorlandschaften – im ersten Moment scheint dies ein Tabu für Rollstuhlfahrer zu sein. Wir wollten es wissen und riskierten die Fahrt zum Phinizi Swamp Native Park, einem für Touristen erschlossenen Sumpfgebiet, um eventuell einen kleinen Blick darauf erhaschen zu können. Ein Weg aus Holz lud dazu ein, uns weiter hinein zu wagen. Auf Stelzen gebaute breite Holzwege und Holzbrücken schlängelten sich quer durch das sumpfige Gelände. So konnten wir überall entlang rollen und den Sumpfwald durchqueren. An manch beschaulichem Plätzchen rasteten wir und staunten fassungslos, welch bizarre Naturwunder eine Sumpflandschaft hervorbringt.

Bereits am Vormittag kletterten die Temperaturen in Richtung

30 Grad Celsius. Die schwülwarme Luft erschwerte das Rollen zunehmend. Bevor es absolut unerträglich wurde, wählten wir lieber die Rückfahrt nach Augusta. Beim Durchfahren des Ortes entdeckten wir viele bemerkenswerte Gebäude unterschiedlichster Baustile und Größe. Eines davon, das „Old Government House", wollten wir ausgiebiger besichtigen, denn es machte auf uns einen besonders einladenden Eindruck. Die alte Villa, 1801 gebaut, steht unter Denkmalsschutz und hatte natürlich Treppen. Schade! Schon

Old Gouvernement House - Augusta

glaubten wir, unser Vorhaben aufgeben zu müssen, da entdeckten wir eine hinter dem Gebäude angebaute schiefe Ebene, über die wir ins Haus gelangten. Es ist also möglich, auch ein denkmalgeschütztes altes Haus zumindest teilweise barrierefrei zu gestalten.

Gemeinsam mit anderen interessierten Besuchern folgten wir der Führung durch die Wohnung. Das Inventar einschließlich der Tapeten ist noch original erhalten. Das Haus wird wegen seiner edlen, stilvollen Einrichtung gern für Hochzeitsfeiern gebucht. Die Räume des oberen Stockwerks waren zum damaligen Zeitpunkt für eine Besichtigung nicht freigegeben, weil der Zugang für Rollstuhlfahrer, z.B. über einen Treppenlift, aus finanziellen Gründen noch nicht ermöglicht werden konnte. Für uns ein unbeschreibliches, irres Gefühl zu erfahren, nicht ausgegrenzt zu sein!

Am Abend suchten wir eine Fischgaststätte auf und verzehrten köstliche gegrillte Hummer mit Jacobsmuscheln zu einem erschwinglichen Preis. Als wir daran dachten, dass dies in Deutschland eine eher kostspielige Delikatesse ist und nur in wenigen, ausgewählten Restaurants angeboten wird, konnten wir dem Essen doppelten Genuss abgewinnen.

Für den nächsten Tag war die Weiterfahrt nach Savannah, der Perle unter den Städten des Südens, geplant. Knapp 200 Kilometer mussten wir erneut auf einem Highway zurücklegen. Immer am Savannah River entlang bis zur Mündung des Flusses in den Atlantik, um die Hafenstadt zu erreichen. Unterwegs begegneten uns die faszinierendsten Trucks. Solche kennt man sonst nur aus Filmen. Als diese überaus individuell gestalteten, gewaltigen Transporter uns entgegen kamen und manche beim Vorbeifahren ihre typische Hupsirene betätigten, ließen sie unsere Herzen fühlbar höher schlagen und weckten in uns augenblicklich das unglaubliche Gefühl der unbegrenzten Freiheit. Nur für Petra verlief die Fahrt etwas unruhig und anstrengend, da ich alle paar Minuten anhielt, um die Giganten abzulichten.

Wir hatten uns vorgenommen erneut in einem Motel einer uns bekannten Kette, zu übernachten. Nach einigen Irrfahrten durch die Ortschaften fanden wir es endlich und buchten das noch nicht belegte rollstuhlgerechte Zimmer.

Es war ein wunderbar warmer Frühlingstag. Die Sonne schickte ihre Strahlen zur Erde und wärmte unsere Haut, und wir hatten große Lust aufs nahegelegene Meer. Also fuhren wir hinaus aus der Stadt durch schattige Alleen und an typischen Südstaatenhäusern vorbei, zunächst an die Küste nach Typee Island. Angekommen parkten wir unser Auto beim Freilandmuseum, um es einschließlich des idyllisch aussehenden Leuchtturms zu besichtigen. Unsere Enttäuschung war gewaltig, denn erstmalig erlebten wir, dass alle Gebäude dieser Museumsanlage nicht rollstuhlzugänglich waren. Beim Leuchtturm war uns das noch plausibel, aber wir konnten es nicht nachvollziehen, weshalb es für uns keinen Zugang zu den Museumshäusern gab. Wir hätten nur die Möglichkeit gehabt, in der abgezäunten Außenanlage umher zu rollen, und dafür wollten sie auch noch einen Eintritt von 6 Dollar pro Person kassieren. Deshalb verzichteten wir lieber. Trotz dieses Schocks waren wir nicht lange betrübt, denn es war die einzige derartige Ausnahme auf unserer Reise.

Außerdem wollten wir doch zum Meer! Das Auto ließen wir auf dem Parkplatz stehen und rollten los. Der ausgewählte Weg führte uns bis zu einem Holzsteg. Mühelos gelangten wir darauf über die Dünen bis zum Strand - nur wenige Meter vom Wasser entfernt - und genossen den herrlichen Sonnenschein. Beim Spaziergang entlang dem Ufer kamen wir zu einem Pier und beobachteten viele Angler, die meist kleine Haie fingen.

Am späten Nachmittag fuhren wir nach Savannah zurück. Dabei belustigte uns auf dem Rückweg ein Verkehrsschild an der Straße, auf dem eine Schildkröte abgebildet war. Es ermahnte die Autofahrer zur Vorsicht, da solche Tiere hier die Fahrbahn überqueren können. Wir waren sehr aufmerksam, konnten aber leider keine Wanderung dieser Tierchen beobachten.

Vorsicht: Schildkröten

Am nächsten Tag unternahmen wir eine Besichtigung der Innenstadt von Savannah. Dafür nutzten wir die angebotene Stadtrundfahrt im rollstuhlgerechten Trolleybus.

Savannah ist die älteste Siedlung Georgias und wurde 1733 von dem Engländer James Oglethorpe gegründet. Dass die Stadt im Bürgerkrieg vor der Zerstörung bewahrt blieb, ist vermutlich der vorweihnachtlichen Stimmung von General Sherman zu verdanken. Er verschonte den Ort, als er ihn im Dezember eroberte, und machte ihn Präsident Lincoln zum Weihnachtsgeschenk. Aufgrund der einzigartig erhaltenen historischen Stadtteile ist er wahrlich ein Ziel für jeden, der die ursprüngliche Südstaaten-Atmosphäre sucht. Nicht einzelne Häuser oder imposante Sehenswürdigkeiten, sondern die Stadt in ihrer Gesamtheit und die dort lebenden Menschen haben Savannah für uns zu einem liebenswerten und unvergesslichen Ort gemacht.

Die Stadt ist eine grüne Siedlung mit vielen Parks und schattigen Plätzen, die als Sammelpunkt für die Bewohner der umliegenden Häuser dienen. An diesen Stellen scheint der Geist vergangener Zeiten noch gegenwärtig. Möglicherweise ist das auch der Grund, weshalb Forrest Gump im gleichnamigen Film ausgerechnet auf einer Parkbank in Savannah sitzend sein Leben erzählt.

Stadt der Parks und Plätze - Sanannah

Nach der 90 minütigen Stadtrundfahrt hatten wir eine Pause nötig, denn uns rauchte der Kopf von den vielen Informationen und dem Bemühen, den im feinsten Südstaaten-Slang vorgetragenen Ausführungen des Fahrers zu folgen. Wir stiegen in der Nähe der „Riverfront" aus. Gelegen am gleichnamigen Fluss ist sie eine der wunderschönsten Stellen zum Spazieren und Verweilen. Das Unvergleichliche an ihr ist, dass ihre Front und die Rückseite gleichermaßen interessant sind. Die Rückseite wird „Factors-Walk" genannt und ist eine Ansammlung von Geschäften und Kontoren aus dem 19. Jahrhundert. An der Vorderseite, der „Riverfront", dem Pier folgend, fanden wir kleine Kneipen, Restaurants und Läden, die in alten Lagerhäusern untergebracht sind und welche die Spaziergänger zur Einkehr einluden. Auch wir ließen uns nicht lange bitten und kehrten in eine der urigen Gaststätten ein.

Wem nach einer Bootsfahrt zu Mute ist, kann dies mit einem originalen Dampfboot tun. Leider hatten wir dafür keine Zeit mehr, da wir nur zwei Tage für die Besichtigung dieses Ortes einplanen konnten. Wegen des feststehenden Termins für den Rückflug mussten wir rechtzeitig zurück in Atlanta sein. Deshalb war für den nächsten Morgen die Weiterreise angesagt.

Unsere Rückfahrt führte uns über Macon, einen am berühmten Ocmulgee-River gelegenen Ort, der früher einer der größten Eisenbahnknotenpunkte des Südostens war. Um dorthin zu gelangen, mussten wir ca. 250 km zurücklegen. Bei einem Halt an einer Tankstelle entdeckten wir eine Spezialität dieser Gegend. Gekochte Erdnüsse in 2 Geschmacksrichtungen: Natur oder nach Cajun-Art, welche sich

Regionale Delikatesse: gekochte Erdnüsse

durch eine scharfe und würzige Note auszeichnet. Erwartungsvoll probierten wir beide Sorten aus. Es war ein überaus eigenwilliger Geschmack, der entfernt an zerkochte Erbsen erinnerte. Zu einer zweiten Portion hätte uns freilich niemand überreden können, denn im Nachhinein mussten wir feststellen: So lecker schmeckten sie nun auch nicht.

In Macon suchten wir natürlich zuerst das Informationscenter auf. Diesmal gestaltete sich die Suche nach einer Unterkunft schwierig. Es war Freitag und am Wochenende sollte eine Großveranstaltung in dem Ort stattfinden. Die preiswerten Hotels waren, obwohl es erst später Vormittag war, ausgebucht.

Da wir nicht unbedingt nahe dem Zentrum wohnen mussten, fanden wir schließlich doch noch eine passende Behausung.

Dabei fällt mir ein, dass es für einige Leser interessant sein könnte, zu erfahren, in welcher Art Unterkünfte wir übernachtet haben. Trotz des Anspruches auf Rollstuhlzugänglichkeit sollten die Zimmer vor allem auch preiswert sein. In USA sind Motels geeignete Übernachtungsmöglichkeiten. Die günstigen liegen in der Regel direkt an den Bundesstraßen am Stadtrand. Zum Ortskern steigen die Preise proportional an. Ob Zimmer frei sind und wie viel eine Übernachtung kostet, erfährt der Vorbeifahrende auf übergroßen, nachts beleuchteten Anzeigetafeln.

Da sich die Ausstattung der Motels sehr ähnelt, die Zimmerpreise aber stark variieren, lohnt sich immer ein Preisvergleich. Es ist durchaus von Vorteil bei einer Motelkette zu bleiben. Im Hausprospekt werden die Standorte der weiteren Häuser aufgeführt und sind bei Bedarf im Voraus telefonisch zu reservieren. Dies nutzen wir häufig bei Rundreisen, weil es die Suche nach geeigneten Motels erleichtert. Das Auto parken wir direkt vor der Zimmertür. Das vereinfacht das Ein- und Ausladen des Gepäcks erheblich und wir brauchen dafür keine zusätzliche Hilfe. Erfahrungsgemäß haben die Häuser ein oder zwei spezielle Rollstuhlzimmer. Die Zimmer sind geräumiger mit entsprechenden Türbreiten, um genügend Platz zu haben. Das Bad ist in der Regel mit einer Badewanne ausgestattet und mit Haltegriffen an den Wänden versehen.

Unser erstes, absolutes Besichtigungs-Muss in diesem Gebiet war das „Ocmulgee National Monument". Unweit der Stadtgrenze gelegen war es mit dem Auto leicht zu erreichen und nicht weit entfernt. Hier konnten wir tief in die Geschichte Nordamerikas eintauchen, denn in dieser Gegend wurden Spuren einer 12.000-jährigen Siedlungsgeschichte gefunden. Diesen archäologischen Fundort wollten wir uns am Nachmittag anschauen und verschoben deshalb die zuerst geplante Stadtbesichtigung auf den nächsten Tag.

Die zeremonielle Anlage wurde auf einer Anhöhe in der Nähe des Flusses angelegt. Sie besteht aus verschiedenen Objekten, die auf einem Rundgang durch das weitläufige Gelände besichtigt werden können. Im zentral gelegenen, über eine Rampe erreichbaren Besucherzentrum befand sich das Museum, in dem wir uns erst einmal einen Überblick über das Monument verschafften. In einer kleinen Ausstellung mit Grabungsfunden, Rekonstruktionen und Fotos von der Freilegung der Anlage erfuhren wir Wissenswertes über die Mississippi-Kultur der Indianer.

Nach Beendigung des Rundgangs durch die Räume wollten wir die Außenanlagen be-sichtigen. In dem Augenblick, als wir das Gebäude verließen, verfärbte sich der Himmel plötzlich schwarz und die Luft war drückend schwül und gewittrig. Erste Regentropfen fielen. Nur per Rollstuhl wären wir

Einfallsreiche Museumsmitarbeiter

nicht mehr trocken zu dem bedeutenden Grabhügel gekommen und hätten unser Vorhaben abbrechen müssen. Während wir unschlüssig am Ausgang standen und überlegten, was wir machen sollten, kamen die Museumsmitarbeiter mit einer tollen Idee zu uns an die Tür. Mit ihrem Servicefahrzeug, das wie ein Golfwagen aussah, brachten sie uns zur „Earth Lodge", einer rekonstruierten Rundhütte, die vollständig von einem 15 m hohen Erdhügel bedeckt ist.

Während wir in das Gefährt einstiegen, verstärkte sich das Gewitter, und wir wurden von peitschenden Regengüssen, begleitet von Blitz und Donner, heimgesucht. Am Erdhügel retteten wir uns geschwind durch einen langen, schmalen und äußerst niedrigen Gang ins Trockene. Während draußen das

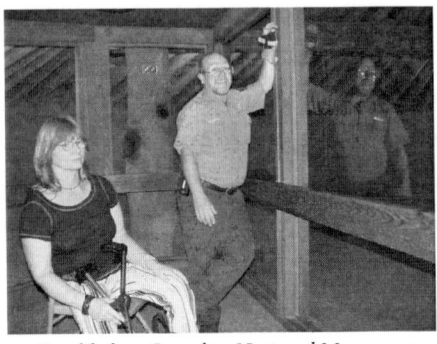

Unwetter tobte, erzählte uns ein Ranger die Geschichte der Indianer.

Es wird vermutet, dass das Gebäude, in dem wir uns jetzt aufhielten, ein Winter-Tempel oder ein ganzjährig genutztes Ver-

Earthlodge - Ocmulgee National Monument

sammlungshaus war. Auf einer erhöhten Plattform sahen wir 3 Sitze. Auf der rundumlaufenden Bank entlang den Wänden befinden sich weitere 47. In der Mitte liegt die Feuerstelle. Die 50 Personen, die sich hier trafen, waren vermutlich die Ältesten oder Führer der Gruppe.

Als der Regen etwas nachließ, brachten die Museumsmitarbeiter uns zu unserem Auto zurück. Auf dem Gelände befinden sich noch andere Erdhügel, die Grabhügel sind. Allerdings konnten wir diese nur aus dem Auto besichtigen, da es weiterhin in Strömen regnete. Auf einer weiteren Anhöhe entdeckten wir ein altes Fort und fuhren hinauf. Von hier aus wurde während des Bürgerkrieges auf Macon geschossen. Jedoch hat die Stadt den Krieg relativ unbeschädigt überstanden, weshalb manch herrschaftliches Stadthaus von vergangener Größe zeugt. Von hier aus hätten wir sicher einen tollen Panoramablick auf den Ort und die Umgebung gehabt, aber der lehmige Boden war durchweg mit Pfützen übersät, und wir zogen es vor, nicht auszusteigen. Leider mussten wir unseren Ausflug aufgrund des Regens vorzeitig beenden.

Der nächste Tag brachte schönes Wetter mit wolkenlosem

Himmel und Sonnenschein. Da die Straßen und Wege der Stadt bergig sind, nahmen wir die Empfehlung des Informationszentrums an und machten eine geführte Trolleybustour. Die Tour war eine Stadtrundfahrt mit mehreren eingeplanten Haltepunkten, um verschiedene Sehenswürdigkeiten zu besichtigen. Einer der Trolleybusse hatte einen Rollstuhllift, und so konnten wir problemlos an diesen Stopps ein- und aussteigen.

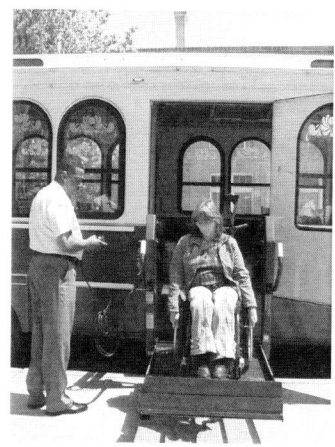

An einer alten Villa, die „Canonball-House" genannt wird, stiegen wir aus. Das Dach des prächtigen, weißen Hauses wird von 4

Trolleybusfahrt - Macon

mächtigen, klassizistischen Säulen gestützt. Zur Eingangstür führt eine breite Backsteintreppe mit vielen Stufen. Irritiert standen

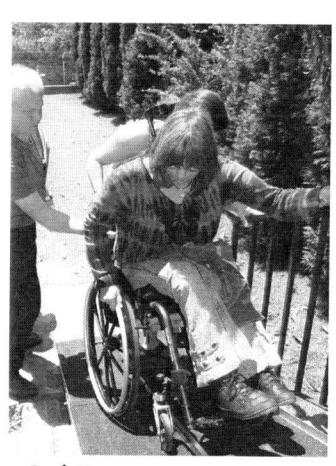

den wir vor dem Gartentor und fragten uns, wie es für uns machbar sein sollte, das Haus zu besichtigen. Da bemerkten wir, dass die anderen Touristen zielstrebig hinter das Haus gingen. Wir rollten ihnen nach und stellten fest, dass der eigentliche Einlass der Hintereingang war. Durch Anlegen einer Rampe, die in Windeseile herbeigeschafft wurde, hatten wir die Möglichkeit, die Stufen zum Haus zu überwinden. Die Steigung war gewaltig und garantiert nicht DIN-gerecht. Doch mit kräftiger Schiebeunterstützung war es letztendlich kein unüberwindbares Problem.

Steile Rampe

Die Besichtigung des Hauses konnte man individuell gestalten. Wir nahmen uns viel Zeit, um uns alles gründlich anzuschauen, und lauschten mit viel Vergnügen den Geschichten der beiden Museumsmitarbeiterinnen. Sie erzählten, dass die Villa „Cannonball-House" deswegen so genannt wird, weil am 30. Juli 1864 während der Schlacht von Dunlaps Hill eine Kanonenkugel in das Haus einschlug und in der Eingangshalle landete, ohne zu explodieren.

Verabredet war, dass wir zum Haltepunkt zurückkehren sollten, um von dort abgeholt zu werden. Aber es kamen nur Tourenbusse, die keinen Hebelift hatten. Jeder der Busfahrer versicherte uns, dass gleich der Spezialbus kommen würde. Doch auch nach einer halben Stunde warteten wir immer noch vergeblich. Die Zeit war uns zu kostbar, um ewig an einer Haltestelle zu stehen, und so entschlossen wir uns, die anderen Sehenswürdigkeiten allein zu erkunden.

Um mobiler zu sein, rollten wir zum Informationscenter zurück, vor dem unser Auto parkte. Glücklicherweise ging es meist bergab. Wir stiegen ein und fuhren los. Doch an diesem Tag hatten wir irgendwie kein Glück. Unsere Fahrt wurde an der nächsten Straßenkreuzung abrupt unterbrochen. Beim Abbiegen gab es ein undefinierbares Geräusch.

Reifenpanne

Ich ließ den Wagen auf eine Ausfahrt rollen und stieg aus, um nachzuschauen. Oh, nein! Wir hatten eine Reifenpanne! Was nun? Als wir uns umschauten, stellten wir fest, dass wir kurioserweise genau vor einem Reifendienst standen! Doch die aufkeimende Hoffnung wurde im Nu zerstört. Das Geschäft und die dazugehörige Werkstatt waren geschlossen, denn es war Sonntag!

Aus den Unterlagen des ADAC, wir sind Mitglied des Automobilclubs, suchten wir die Notrufnummer heraus. Ich rollte zurück zum Informationscenter, von wo aus ich telefonieren konnte. Eine Stimme meldete sich, überraschenderweise in akzentfreiem Deutsch, und erläuterte, wie für uns problem- und kostenlos Hilfe organisiert werden würde. Nach einer bangen halben Stunde Wartezeit kam ein Abschleppwagen. Der Fahrer kontrollierte den Schaden und montierte den schmalen Ersatzreifen. Mit diesem sollten wir uns nur langsam fahrend sofort in die nächste Bereitschaftswerkstatt begeben und uns einen neuen Reifen besorgen. Er nannte uns eine Adresse in einem nahe gelegenen Industriegebiet.

Statt gemütlich durch den Ort zu bummeln, verbrachten wir den Rest des Tages in diesem Industriegelände. Die ganze Angelegenheit dauerte und dauerte, weil die Werkstatt mehrmals mit der Versicherung telefonierte. Wenn wir es richtig verstanden hatten, konnten sie sich nicht auf einen Kaufpreis für den Reifen einigen. Da wir das Geld verauslagen mussten, hofften wir auf eine preisgünstige Absprache.

Inzwischen waren wir hungrig, denn vom Frühstück abgesehen hatten wir vor Aufregung den ganzen Tag vergessen, zu essen. In unmittelbarer Nähe gab es außer McDonalds kein Restaurant. Während das Auto endlich repariert wurde, gingen wir dort einen Hamburger essen.

Schade, dass wir nicht mehr Zeit in Macon verbringen konnten, denn es gab noch einiges Interessantes zu besichtigen. Aber der Tag des Abflugs rückte unausweichlich näher, so dass es nicht möglich war, zusätzliche Zeit dafür einzuplanen. Auf dem Rückweg nach Atlanta wollten wir unbedingt noch einen Halt im 130 km von Macon entfernten Warm Springs einlegen.

Was hat diesen Ort für uns so interessant gemacht? Er wird als

Kurort mit einer Thermalquelle angepriesen, und das ist eher selten in Amerika anzutreffen. Da wir ausgesprochen gern in Thermalbädern schwimmen, hegten wir die Hoffnung, auch hier ein Bad nehmen zu können.

Abseits vom Highway führten uns entlegene, von Bäumen gesäumte Alleen zu dieser kleinen Stadt. Wieder suchten wir zuerst das Informationszentrum auf, um mehr über den Ort zu erfahren und uns mit Prospekten über mögliche Sehenswürdigkeiten zu versorgen. Doch Informationen über die Thermalquelle erhielten wir kaum. Wenigstens erfuhren wir, dass es ein Rehabilitationszentrum gibt.

Information Center - Warm Springs

Die Touristeninformation war in einem im Südstaatenstil erbauten Holzhaus untergebracht. Die durchgehende Veranda im Frontbereich, auf der sich im leichten Wind die Schaukelstühle sachte hin und her bewegten und dabei ein leises knarrendes Geräusch erzeugten, verlieh dem Haus einen besonderen Charme und machte auf uns einen ausgesprochen einladenden Eindruck. Die Fülle von Blumen, die das ganze Haus einrahmte, rundete das romantisch verklärte Bild noch ab und verstärkte unsere Neugier auf diesen kleinen Ort.

Gleich am Ortseingang fanden wir ein Motel. Es wirkte zwar etwas verschlafen, doch die Räume vermittelten einen ausgesprochen gemütlichen Eindruck. Hier buchten wir für nur 49 Dollar ein nettes, helles, natürlich behindertengerechtes Zimmer mit Frühstück.

Nachdem wir unsere Koffer ausgepackt und ein wenig geruht

hatten, wollten wir bei einem Bummel durch die Straßen die Gegend erkunden und einen Kaffee trinken. In dem niedlich anmutenden Ort entdeckten wir reizende Ecken und Winkel. Die kleinen, zauberhaften Krämerläden, die Andenken aber auch Textilien und Lebensmittel verkauften, wirkten auf uns wie aus dem vergangenen Jahrhundert. Vor einem Café wurden wir freundlich krächzend von einem Kakadu begrüßt. Auf einem Schild an seinem Käfig stand, dass sein Name Angelo sei. Dazu der lustige Spruch: „Yes, I can talk! Can you fly?", übersetzt: „Ja, ich kann sprechen! Kannst Du fliegen?"

An der Glasscheibe der Eingangstür hing ein handgeschriebener Zettel mit dem Hinweis, dass es nicht nur bei Starbucks, einer weit verbreiteten Kaffeehauskette, guten Kaffee gibt. Na, das wollten wir ausprobieren. An einer rustikalen Theke bestellten wir uns jeweils einen Cappuchino mit der gewünschten Geschmacksrichtung und bekamen tatsächlich einen wohlschmeckenden serviert. Im kleinen, sonnenbeschienenen Vorgarten setzten wir uns mitten in einem Blumenmeer an einen Tisch und ließen uns, während wir unseren Cappuccino tranken, von der ruhigen Idylle verzaubern.

Die Zeit schien hier langsamer zu gehen. Wir schlenderten gemütlich weiter durch den Ort, immer wieder eines der kleinen Geschäfte besuchend. Dabei stellten wir fest, dass sich der Geschmack der Leute hier deutlich von unserem unterschied. Wir empfanden vieles als recht kitschig, aber irgendwie passte es hierher.

Bei einem gemütlichen Stadtbummel kann es lästig werden, wenn man eine Toilette benötigt. Doch auch hier in diesem kleinen Ort fanden wir ein öffentliches WC, wie überall in Amerika, mit dem Rollstuhl zugängig und fast immer sauber.

Der Spaziergang durch die Straßen brauchte weniger Zeit als gedacht. Der Tag war noch lang und so machten wir uns auf den Weg, um das Thermalbad zu finden. Wir folgten der Beschreibung im Prospekt. Der historische Gebäudekomplex mit Schwimmbecken, Umkleidekabinen und Behandlungsräumen, ab 1927 im Rahmen einer Stiftung von F. D. Roosevelt als Polio-Krankenhaus ausgebaut, lag leer und verlassen da. Neben dem ehemaligen Eingang entdeckten wir eine kleine Ausstellung, das sogenannte Pool-Museum, das mit ein paar Bildern an die Geschichte des früher öffentlichen Bades erinnert. Dort war zu lesen, dass die Betreibung des Bades aufgegeben wurde, nachdem direkt im modernisierten Rehabilitationszentrum ein eigenes Thermalbecken integriert worden war.

Wir beschlossen, dorthin zu rollen. Der Komplex, eingebettet in ein grünes parkähnliches Gelände, war riesig. Wir folgten den Wegbeschreibungen von Leuten, die wir unterwegs ansprachen, und fanden auch bald das Hauptgebäude. Die Klinik hatte sich offensichtlich dem Behindertensport verschrieben. Auf einem langen Flur hingen selbstgestaltete Plakate, die verschiedene Sportarten und darin erfolgreiche Behindertensportler vorstellten. Wir folgten den Hinweisschildern zum Badebereich und sahen durch eine verschlossene Glastür das Bassin. Baden durfte man als Besucher jedenfalls nicht, worüber wir mächtig enttäuscht waren.

Es gab noch einen weiteren interessanten Aspekt für uns, weshalb wir diese Gegend ausgesucht hatten: Präsident Franklin D. Roosevelt. 1921 an Kinderlähmung erkrankt kam seit 1924 regelmäßig nach Warm Springs, um von der heilenden Wirkung der Thermalquellen zu profitieren. Er baute in der Nähe 1937 ein auf seine speziellen Bedürfnisse ausgerichtetes Landhaus, in dem er 1945 überraschend starb. Besonders war auf Barrierefreiheit geachtet worden. Auch wenn es nur wenige offizielle Bildzeugnisse gibt, war er doch weitestgehend auf einen Rollstuhl angewiesen. Das kam uns bei der Besichtigung seines Hauses natürlich sehr entgegen.

Das so genannte „Little White House" kann täglich besichtigt werden. Das Anwesen beließ man im ursprünglichen

Zustand. Am Haus und in den Räumen wurde kaum etwas verändert. Einrichtung und Gebrauchsgegenstände fanden wir originalgetreu vor. Das bemerkten wir an kleinen Details. Die Bücher im Wohnzimmerregal waren z.B. nur bis in eine solche Höhe einsortiert, dass man sie vom Rollstuhl aus noch bequem herausnehmen konnte.

Um sein politisches Wirken zu würdigen, aber auch um über sein privates Leben und seine Familie zu informieren, wurde in unmittelbarerer Nähe ein Museumsneubau errichtet. Die Ausstellung zeigte eine Vielzahl an Fotografien und Dokumenten, mit deren Hilfe wir seinen Lebenslauf verfolgen konnten. Offen und mutig präsentierte die Schau auch ausgesprochen persönliche Gegenstände, wie Gehstöcke und sogar seine aus Metall und Leder angefertigten Stützapparate für die gelähmten Beine.

Zudem eines seiner schon damals auf Handbedienung umgebauten Autos, einen Ford. Auch als hoher Politiker, erst Gouverneur von New York, später Präsident, hat er offen zu seiner Behin-

Roosevelts Auto mit Handbedienung

derung gestanden und gemeinsam mit seiner Frau Eleonor einige soziale Projekte ins Leben gerufen. So gründete er zwei Stiftungen zur Unterstützung Behinderter, insbesondere Polio-Erkrankter, war Schirmherr entsprechender Tagungen und Kongresse und engagierte sich erfolgreich für diese Thematik. Die umfassende, beeindruckende Darstellung hat uns überaus begeistert, aber auch recht nachdenklich gemacht.

Ein Tag unserer Reise blieb uns noch. Wir beabsichtigten, diesen in der Natur zu verbringen. Wir entschieden uns, nach „Callaway´s Gardens" zu fahren, ungefähr 45 km von Warm Springs entfernt. Auf der Straße dorthin entdeckten wir ein Schild, das auf „Dowdells Knob" hinwies. Wir folgten der Beschilderung den Berg hinauf, bis wir uns einem Aussichtspunkt näherten. Es war Roosevelts Lieblingsplatz, der für Grillfeste ausgebaut worden war. Wir stiegen aus dem Auto, um in dieser Abgeschiedenheit einen Moment zu verweilen. Ein wahres Kleinod, wie geschaffen zum Entspannen und Erholen. Das sonnige Frühlingswetter belohnte uns zusätzlich mit einem außergewöhnlich klaren Fernblick.

„Callaway's Gardens" ist eine typisch amerikanische Mischung aus Gartenlandschaft und Vergnügungspark. Der künstlich angelegte Park mit Seen, Gärten und Gewächshäusern wurde 1935 geschaffen. Er liegt mitten im Agrarzentrum Georgias, wo vor allem Erdnüsse und Melonen angebaut werden. Auf dem Gelände herrscht Fahrverbot für Privatautos. Wir mussten unser Auto schon weit vor der eigentlichen Anlage auf einem Parkplatz abstellen. Um das weitläufige Anwesen erkunden zu können, gab es eine größere Anzahl Shuttles. Die Jeeps, an denen jeweils mehrere Waggons angekoppelt waren, hatten Ähnlichkeit mit einer Bimmelbahn. Sie pendelten zwischen den einzelnen Attraktionen hin und her und durften kostenlos und uneingeschränkt benutzt werden. So warteten auch wir an der ausgeschilderten Haltestelle. Die Fahrerin erkannte unseren Fahrwunsch bereits beim Ansteuern des Haltepunktes. Sie stieg sofort aus, klappte am vorderen Anhänger eine Rampe aus und schob uns die kurze aber recht steile Steigung hinauf.

Nun plagte uns die Qual der Wahl. Was schauen wir uns in der begrenzten Zeit in dem weitläufigen Naherholungsressort mit einer solchen Vielzahl an Attraktionen an? Besonders empfohlen wurde das Schmetterlingshaus, welches in einem riesigen Gewächshaus mitten in einem botanischen Garten untergebracht ist. In dem lichtdurchfluteten Glashaus flanierten wir auf mit Palmen gesäumten Wegen, bestaunten die Schmetterlinge in all ihren Entwicklungsstadien, bewunderten seltene, exotische

Pflanzen und noch nie vorher gesehene Blüten. Zwischendurch rasteten wir immer wieder an liebevoll gestalteten, lauschigen Plätzchen.

Es war ein lauer, sonniger Tag und wir wollten lieber noch an der frischen Luft in der weitläufigen Parkanlage spazieren. Auf gewundenen Wegen gelangten wir in unmittelbarer Nähe an eine wunderschöne Seenlandschaft. Ein Geschenk des Frühlings waren die in voller Blüte stehenden samtblauen Lilien.

Am See entlang schlendernd stießen wir auf eine Natur-bühne, auf der gerade eine Raubvogel-Show begann. Wir reihten uns in die Zuschauermenge ein, die meist aus Familien mit klei-nen Kindern bestand. Eine halbe Stunde hatten wir viel Spaß bei dieser kurzweiligen Vorführung mit den abgerichteten Raub-vögeln. Sie zeigten sich zum Teil recht possierlich, was nicht nur die Kinder begeisterte.

Am Ausgang der Bühne kamen wir an einer Tafel vorbei. Darauf abgebildet wa-ren in Originalgröße die Flügelspannen gro-ßer Raubvögel. Wie wir der englischen Beschreibung entnah-men, wurde der Be-

Wer hat die größte Spannweite?

trachter aufgefordert, seine Armspanne mit denen der Vögel zu vergleichen. Ein bisschen Spaß muss sein, und so versuchte ich mein Glück. Doch zu meinem Bedauern mit dem Ergebnis, dass es zur größten Spannweite, der des Adlers, nicht reichte.

Schon bald wurde uns der ganze Vergnügungstrubel zu viel. Auf einsameren Wegen gelang es uns, dem zu entfliehen. Durch leicht hügeliges Gelände rollend erreichten wir ein Waldstück, in dem uns nur wenige Spaziergänger begegneten. Unerwartet öffnete sich der Blick auf eine Lichtung an einem kleinen See. Ein aus Feldsteinen gemauertes Gebäude lugte zwischen den Bäumen hervor.

Neugierig rollten wir näher. Links neben dem Eingang erblickten wir ein gewaltiges Fenster in gotischem Stil. Die Tür stand weit offen. Doch war der Zutritt von Besuchern erwünscht? Kein Schild zu sehen, das Antwort gab. Vorsichtig gingen wir ins Innere. Der einzige Raum lag im Halbdunkel, das nur von einem breiten Lichtstreif durchbrochen wurde. Farbige Sonnenstrahlen, die durch das, wie wir erst jetzt bemerkten, bunte Glasfenster drangen, fielen auf Bankreihen und erinnerten an ein Gotteshaus. Obwohl wir keine weiteren Hinweise fanden, die uns erklärten, was es mit dem Bau auf sich hatte, waren wir uns nach näherer Betrachtung einig: Es ist eine Kirche!

Kirche im Wald - Callaway's Gardens

Viele Stunden waren wir umher gerollt. Geschafft und müde ging es zurück zum Auto. Außerdem verspürten wir einen Bärenhunger. Auf keinen Fall hatten wir Appetit auf Fast-Food. Wir dachten eher an ein feines Mahl, welches für unser „Abschiedsessen" mehr Gaumenfreuden versprach. Das war nicht so einfach. Fast-Food-Ketten gibt es in unüberschaubarer Anzahl, denn viele amerikanische Familien kochen nicht und versorgen sich dort abends mit einer warmen Mahlzeit. Das, was wir unter einem guten Restaurant verstehen, war nicht so häufig anzutreffen. Für die Erfüllung unseres Wunsches mussten wir deshalb etliche Kilometer Autofahrt in Kauf nehmen. Doch der Aufwand lohnte sich! Wir freuten uns, als wir eine idyllisch gelegene Gaststätte aufgespürt hatten. Im beinahe schon exklusiven Restaurant, das vornehmlich Steaks und Fisch servierte, beendeten wir bei einem vorzüglichen Dinner einen weiteren ereignisreichen Tag.

Abreisetag! Am Morgen ein letztes amerikanisches Frühstück mit aufgeblasenem Weißbrot, aber mit der baldigen Aussicht auf Schwarzbrot, sobald wir zu Hause sein würden. Das Gepäck war geschwind verladen und wir fuhren los. Atlanta empfing uns mit trübem Wetter. Heftige Regengüsse und tiefhängende Wolken verhüllten Teile der höchsten Bauwerke in Nebelschwaden. Der Wetterbericht kündigte auch für die nächsten Tage keine Wetterbesserung an. Da Mittagszeit war, hielten wir in der Nähe des „Hard Rock Cafe". Bei heißer Musik bestellten wir uns Spare-Ribs.

Dann hieß es endgültig, Abschied zu nehmen. Wir fuhren Richtung Flughafen. Zuerst gaben wir in der Autovermietung den Wagen ab, was sich einfacher und unkomplizierter als auf der Hinfahrt gestaltete. Obwohl noch reichlich Zeit bis zum Rückflug zur Verfügung stand, checkten wir ein und wurden so von unseren Koffern befreit. Bis zum Abflug bummelten wir umher und gaben die restlichen Dollars aus.

Flughafen - Atlanta

Mit seinen 176 Gates und fast 90 Millionen Fluggästen im Jahr ist der Flughafen in Atlanta einer der größten und komplexesten und hat vermutlich das höchste Passagieraufkommen weltweit. Auch die Größe der Eingangshalle zeugte davon und wird noch dadurch unterstrichen, dass ein giganti-

sches, mehr als 10 m langes Tyrannosaurier-Skelett darin aufgestellt ist.

Schmunzelnd dachten wir: Nichts wie weg hier! Auf nach
Hause, bevor die Knochen, wie in der Komödie „Nachts im
Museum", lebendig werden!

PETRA ROSENBERGER

Griechenland

Barrierefreier als gedacht

Man reist nicht nur, um anzukommen,
sondern vor allem, um unterwegs zu sein.
Johann Wolfgang von Goethe

Eine Reise nach Griechenland war für uns seit langem ein Traum, antike Stätten und die alte Kultur hautnah zu erleben und zu erkunden, ein faszinierender Gedanke und ein magisches Reiseziel zugleich.

Schon einmal hatten wir uns auf eine derartige Spurensuche begeben. Damals unternahmen wir eine Busreise durch Ägyptens Historie. Besonders beeindruckt waren wir von den gewaltigen Tempelbauten und den gigantischen Pyramiden der Pharaonen, aber auch von den filigranen, farbenprächtigen Wanddekorationen. In den Gräberanlagen kamen wir mit dem Rollstuhl gut und teilweise ohne fremde Hilfe zurecht. Es gab meist weder Stufen noch Treppen. Die Wege waren langgezogene Rampen, da früher auf ihnen die großen und schweren Sarkophage transportiert wurden.

Angeregt durch diese Erfahrungen rückte Griechenland als Reiseziel stärker in unseren Fokus. Wir beschäftigten uns erneut und intensiver mit dem Land und befragten Bekannte und Freunde, die ihren Urlaub in diesem Land verbracht hatten. Doch kaum einer konnte sich eine problemlose Reise mit dem Rollstuhl vorstellen.

Mühelos würde es nicht werden, denn es wird sandige, bergige und unebene Wege geben. Von hohen, unüberwindlichen Bordsteinen oder Stufen gar nicht zu sprechen. Solche Unzulänglichkeiten begegneten uns auf vielen unserer Reisen. Abgeschreckt hat es uns nie. Trotz aller Bedenken, aber aufgrund eigener Recherchen, schätzten wir ein, dass eine Besichtigung der Sehenswürdigkeiten für uns zumindest teilweise machbar sein müsste. Wir erwarteten kein barrierefreies Land. Insbesondere bei Unterkünften, Geschäften und beim Besuch von Gaststätten werden wir kaum stufenlose Hauseingänge vorfinden. Rollstuhlgerechte Toiletten werden vermutlich kaum vorhanden sein.

Zwei Umstände hatten unsere Entscheidung, Griechenland zu bereisen, zusätzlich bekräftigt und positiv beeinflusst. Zum einen war Athen im Sommer 2004 Austragungsort der Olympischen Spiele und damit auch der Paralympics, der Wettkämpfe der Behindertensportler. Aufgrund unserer bisherigen Erfahrungen wussten wir, dass für dieses sportliche Ereignis zumindest das örtliche Verkehrsnetz und auch der Zugang zu öffentlichen Gebäuden, z.B. Museen, auf die Belange von Rollstuhlfahrern angepasst sein muss. Dies gehört zu den Bedingungen, um den Zuschlag als Austragungsort der Spiele zu erhalten. Zum anderen hatten Uta und Roland, ein befreundetes Ehepaar, Lust, uns auf unserer Reise zu begleiten. Da für einen ungetrübten Urlaubsspaß einige Risiken für uns zu erwarten waren, nahmen wir dieses Angebot gern an. Mit ihrer Unterstützung könnten wir sicher manches Vorhaben noch besser umsetzen.

Am Tag der Abreise fuhr uns ein vorbestelltes Taxi zum Flughafen Berlin-Schönefeld. Dort trafen wir auch unsere Freunde. Gebucht hatten wir einen Flug bei einem der beliebten „Billigflieger". Wir waren mit dieser Fluglinie vorher noch nie geflogen. Es war somit für uns eine gute Gelegenheit, zu prüfen, ob diese auch für uns Rollstuhlfahrer problemlos nutzbar sein würde. Da auch unsere Reisebudgets begrenzt sind, könnte sich hier eine willkommene Sparmöglichkeit ergeben, die wir bei guten Erfahrungen zukünftig nutzen wollten. Obwohl wir bereits oft geflogen sind, ist diese Reisephase für uns stets so aufregend, als wenn der erste Flug bevorsteht. In der Vergangenheit hatten uns schon öfter kurzfristig neue Flugbestimmungen überrascht, meist erst direkt vor der Abreise, die wir so hinnehmen mussten und nicht beeinflussen konnten.

Welche würden uns hier erwarten? Am Flughafen angekommen blieb noch viel Zeit für das Einchecken. Unsere Freunde erwarteten uns bereits vor dem Eingang zur Schalterhalle. Kaum hatten wir uns begrüßt, zauberte Roland ein Piccolofläschchen hervor. Uta steuerte die Wegwerfsektgläser bei. Erwartungsfroh stießen wir auf die gemeinsame Reise an.

Unsere Koffer luden wir auf einen Gepäcktransportwagen und betraten die Abflughalle. Am Schalter für den Flug nach Athen stand eine lange, lange Menschenschlange. „Billigflieger", bedeutete das womöglich eingeschränkter Service? Egal, wir reihten uns erst einmal brav ein. Endlich waren wir an der Reihe. Die Abfertigung war so professionell, wie wir es von den renommierten Fluglinien kannten. Nachdem unser Gepäck aufgegeben war und auf dem Förderband davon rollte, bekamen wir die Flug- und Bordkarten ausgehändigt.

Wie immer wurde der Flughafen-Sozialdienst informiert und eine Zeit verabredet, zu welcher sie uns am Schalter abholen sollten. Wir waren die gesamte Wartezeit etwas angespannt, weil nicht klar war, ob wir die Rollstühle als Gepäckstücke aufgeben müssen. Pünktlich zur vereinbarten Zeit kamen zwei junge Männer, um uns zum Flieger zu bringen. Erfreulicherweise mussten wir die Rollstühle nicht als Gepäck aufgeben.

Unser Flugzeug stand nicht direkt am Terminal. Hier wäre das Einsteigen für uns um ein Vielfaches einfacher, da das Terminalgebäude unmittelbar mit einer Fluggastbrücke, dem sogenannten Finger, barrierefrei verbunden ist. Wir rollten, begleitet vom Flughafenservice, mit unseren eigenen Rollstühlen über das Flugfeld bis zur Maschine. Dort wurden sie geradewegs in den Gepäckraum verladen. Wir mussten die Stufen der angelegten Gangway hinauf steigen. Es kostete uns einige Mühe, jedoch mit Unterstützung bewerkstelligten wir letztendlich das Treppensteigen erfolgreich. Kann jemand diese Treppe nicht allein erklimmen, wird er mit einem Spezialrollstuhl, der wie eine bestuhlte Sackkarre aussieht, hochgebracht.

Von freundlichen Stewardessen begrüßt durften wir links auf den vorderen Sitzen Platz nehmen. Uta und Roland saßen direkt hinter uns. Drei Stunden Flugzeit lagen vor uns.

Je näher wir dem ersehnten Ziel kamen, desto mehr steigerte sich unsere Unruhe. So hofften wir, dass alles Gepäck ebenfalls mit ankommt. Der eine oder andere Leser hat vermutlich schon die Erfahrung gemacht, wie stressig es wird, wenn der Koffer stehen geblieben ist. Für uns wäre es ein Albtraum, wenn die Rollstühle am Zielflughafen fehlten oder defekt wären.

Doch Entspannung war angesagt. Die Rollis wurden uns direkt an die Ausstiegsluke des Flugzeugs gebracht. Glücklich gelandet waren wir gespannt, was dieses Land uns zu bieten hat.

Zunächst eilten wir, wie alle Reisenden, zur Gepäckausgabe. Wir entdeckten unsere Koffer auf dem endlose Runden drehenden Laufband und nahmen sie an uns. Nachdem wir feststellten, dass alles vollzählig und unbeschädigt war, suchten wir den Weg zur nächsten Metrostation. Dabei orientierten wir uns problemlos an den Wegschildern des Flughafens.

Die günstigste Fahrroute zum gebuchten Hotel hatten wir bei der Reiseplanung über das Internet herausgesucht. Sonderbar erschien uns nur, dass uns auf dem Weg zur Metrostation viele Menschen entgegen kamen, wohingegen wir auf den Weg hin zur Metro fast die einzigen Passanten waren. Ungewöhnlich! Einige Leute versuchten, uns etwas mitzuteilen. Wir vermochten es jedoch nicht einzuordnen, da wir sie nicht verstanden. An der Station angekommen fanden wir ein geschlossenes Tor vor. Nach längerem Suchen entdeckten wir einen handgeschriebenen Hinweis. Die Metro fuhr wegen eines Streikes an diesem Abend nicht. Blitzartig war uns klar, dass die Reisenden, die uns entgegen gekommen waren, uns mit ihren Gesten zum Umkehren bewegen wollten.

Nicht lange verharren, sondern zu Plan B übergehen! Zurück zur Bushaltestelle, die wir am Ausgang des Airports gesehen hatten. Es war inzwischen kurz vor Mitternacht und wir mussten unbedingt den letzten Bus erreichen. Uff, der Bus war schon überfüllt mit Menschen und Koffern. Doch lächelnd und verständnisvoll rückten die Leute zusammen und schaufelten für uns noch ein Plätzchen frei. Bloß gut, dass wir bis zur Endhaltestelle fahren mussten. Mit Spannung erwarteten wir den nächsten Haltepunkt und das Chaos, falls jemand hinaus wollte. Doch Hektik und Gemecker blieben aus. Mit freundlicher Unterstützung und Humor halfen sich alle gegenseitig. Jeder Fahrgast konnte an der gewünschten Haltestelle aussteigen, und sein Gepäck wurde ihm zugereicht. Der Bus leerte sich langsam. Bald waren auch wir angekommen.

Die Uhr zeigte bereits eine Stunde nach Mitternacht, als wir aus dem Bus stiegen. Zu unserem Hotel lag noch ein Fußmarsch von mindest 30 Minuten vor uns. Bewaffnet mit einem Stadtplan liefen wir durch das nächtliche Athen. Die Luft war noch warm und der Salzgeruch des Meeres stach uns in die Nase. Es musste unmittelbar vor uns liegen, denn deutlich vernahmen wir auch das typische Geräusch der Brandung. Unser Weg führte uns jedoch vom Wasser weg, erst großen Straßen entlang mit regem Autoverkehr trotz der späten Stunde, und danach durch weniger belebte Nebengassen.

Endlich sahen wir die beleuchteten Schriftzüge des Hotels. Inzwischen müde erklommen wir die letzte Anhöhe und standen vor der Hoteltür, die sich automatisch öffnete. Wir traten ein und schauten verdutzt auf die Rezeption hinab. Wir konnten nicht fassen, was wir sahen. Drei Stufen aus wunderschönem, rötlichen Marmor waren zu überwinden, um dorthin und zum Fahrstuhl zu gelangen. Im gesamten Hotel war es, wie wir später feststellten, etwas eng, jedoch alle Gänge und Zimmer mit dem Rollstuhl befahrbar. Aber drei Stufen im Inneren am Eingang stellten schon ein Problem dar. Kurze Beratung und wir beschlossen, zu bleiben. Keiner von uns hatte große Lust zu dieser fortgeschrittenen Stunde auf neue Hotelsuche zu gehen. Mit Hilfe unserer Freunde sollte dieses Treppenproblem im Eingangsbereich zu lösen sein. Roland bugsierte mich mit dem Rollstuhl die Stufen morgens rauf und abends runter. Horst bewältigte sie mit seinen Unterarmstützen laufend allein.

Griechenland im Südosten Europas, direkt am östlichen Mittelmeer gelegen, ist nicht nur für Sonnenhungrige, sondern auch für an der Antike interessierte Menschen ein ansprechendes Urlaubsparadies, denn hier verschmelzen Gegenwart und Vergangenheit auf besondere Weise miteinander. Bei unseren Fahrten überraschte uns die bergige Landschaft. Höhenunterschiede wechselten auf engstem Raum. Zwischen steinigen Hängen oder grünen Hügeln erblickten wir immer wieder das Meer. Natürliche Kiefern- und Laubwälder, meist Buchen und Eichen, sahen wir vor allem in den höheren Gebirgslagen. Weitaus häufiger begegneten uns die von Menschen gepflanzten Olivenhaine und Plantagen mit Zitrusfrüchten.

Die Wirtschaft Griechenlands ist geprägt von Schifffahrt, Fremdenverkehr und Landwirtschaft. Viele Bauern verkaufen ihr Obst und Gemüse sowie Wein und Honig aus der eigenen Produktion an Ständen entlang den Straßen oder auf weitläufigen Wochenmärkten. Diese Angebote sind bei den Einheimischen sehr beliebt, und auch wir kauften die frischen Produkte gern.

Die griechische Bevölkerung ist im heutigen Europa ein Volk im Umbruch. Insbesondere spürten wir das in Athen. Es war für uns durchaus reizvoll, sich auf die griechische Lebensart einzulassen und die Kontraste wahrzunehmen, die die moderne Zeit mit sich bringt. Während das

Traditionelle Lebensweise auf dem Lande

soziale Leben wie früher, vor allem auf dem Lande, in die Dorfgemeinschaften und Großfamilien eingebunden ist, erlebten wir in der Großstadt den Wandel zur modernen Lebensgestaltung.

So entdeckten wir modisch gekleidete junge Leute, die mit dem Handy endlos zu telefonieren schienen, genauso wie traditionelle Maronenverkäufer oder ehrwürdige Geistliche im täglichen Straßenbild.

Moderne Lebensweise in der Großstadt

Die Religion, d.h., der griechisch-orthodoxe Glaube, spielt auch heute noch in der Öffentlichkeit eine deutlich größere Rolle als anderswo. Madonnen werden überall aufgestellt, aufgehängt und in verschiedensten Varianten auf den Märkten verkauft. An den Straßenrändern entdeckten wir zahlreiche Heiligenhäuschen, sogenannte Bilderstöcke, die auf eine nahe Kirche hinwiesen. Manche erbaut aus Stein und von beacht-

Bilderstöcke überall

licher Größe. Andere waren einfache Metallkästen auf vier langen Beinen und einem Glasfenster in der Front. In ihnen werden abends im ganzen Land Lichter angezündet.

Das dafür benötigte Öl wird kurioserweise in geleerten Cola- oder Schnapsflaschen direkt in den Bilderstöcken neben dem Madonnenbild aufbewahrt.

Wir begannen unsere Endeckerreise in der Hauptstadt Athen, eine moderne und faszinierende Metropole vor antiker Kulisse. Diese Stadt mit ihren gelebten Gegensätzen: Chaos und Idyll, grüne Haine und Beton, Lärm und doch Beschaulichkeit irritierten und begeisterten uns gleichzeitig. In der Vergangenheit hatte Athen aufgrund von Smog, Müll und hohem Verkehrsaufkommen mit einem eher schlechten Ruf zu kämpfen. Doch die Stadt veränderte ihr Gesicht und zeigt wieder stärker ihren positiven Charme. Das vorhandene U-Bahn-System wurde modernisiert und dabei rollstuhlgerecht umgebaut. Es gehört heute zu den modernsten Europas. Für uns war es interessant zu erfahren, dass man fast bei jeder Baggerschaufel Erde auf archäologische Hinterlassenschaften stieß. Einige der phänomenalen Reliefs aus mykenischer, römischer oder spätantiker Zeit entdeckten wir an den Wänden der Bahnhöfe des modernen Metrosystems. Einfach wunderschön, wie sich das reizvoll in das Flair der Großstadt einfügt und auf diese Weise von jedermann bewundert werden kann.

Jahrhunderte, ja Jahrtausende sind in Athen eng miteinander verschmolzen. Beim Bummeln waren wir geradewegs noch vom lebhaften modernen Heute fasziniert, da fiel unser Blick ins zeitlose Gestern. So erspähten wir z.B. vom Flohmarkt aus die Akropolis über dem grauen Häusermeer.

Da wir alle Sehenswürdigkeiten vom Hotel aus mit der Bahn oder zu Fuß erreichen konnten, beschlossen wir, alles mit dem Rollstuhl zu erkunden. Was uns auch bestens gelingen sollte.

Im archäologischen Nationalmuseum, welches eine umfangreiche Sammlung von Kunstwerken und Gebrauchsgegenständen der griechischen Antike beherbergt, wollten wir uns erst einmal einen Überblick über die Historie des Landes verschaffen. Über einen rollstuhlgerechten Nebeneingang, einer schiefen Ebene, an der Seite des Gebäudes gelegen, kamen wir ohne fremde Hilfe hinein.

Neben den wichtigsten griechischen Göttern besichtigten wir eine große Auswahl sehenswerter Skulpturen verschiedener Zeitepochen. Eine besondere Attraktion im Museum ist das Original des von Heinrich Schliemann 1886 in Mykene bei Ausgrabungen gefundenen Goldschatzes mit der sogenannten Totenmaske des Agamemnon, eines Helden der trojanischen Kriege.

Am nächsten Tag, gleich nach dem Frühstück und umfangreich informiert, machten wir uns mit der Metro auf den Weg in die

Akropolis - Athen

Innenstadt. Zuerst wollten wir uns die Akropolis, das bekannteste Bauwerk der griechischen Antike näher anschauen. Sie liegt auf einem 156m hohen Kalksteinfelsen und beherrscht das Stadtbild schon seit etwa 3000 Jahren. Die Monumente, die weit sichtbar auf dem Felsen thronen, sind aus der zweiten Hälfte des 5. Jahrhunderts vor Christi, z.B. der als Parthenon bekannte Athenatempel.

In mykenischer Zeit war die Akropolis Sitz der Könige von Athen, die Schutz- und Zwingburg der Stadt. Später im demokratischen Athen wurde sie als Sitz der Götter zum Tempelbezirk ausgebaut und verlor ihre Verteidigungsfunktion. Gegenwärtig ist sie für die griechische Bevölkerung Symbol einstiger Größe, auf die sich ihr heutiges Nationalbewusstsein stützt.

Die Straße bis zum Eingang schlängelt sich in einer kurvenreichen Steigung hinauf. Pflastermüde Touristen können in eine Bahn steigen und so den mühsamen Anstieg umgehen. Für uns nicht machbar, weil es chancenlos war, mit dem Rollstuhl in die Bahn einzusteigen. Da es jedoch nur diesen einen Zugang gab, hatten wir keine Wahl. Wollten wir zur Burg, mussten wir den langen, steilen Weg hinauf erklimmen.

Entkräftet und leicht verschwitzt oben angekommen ließ ich meinen Blick über das felsige Areal schweifen. Betrübt dachte ich, dass die ganze Mühe umsonst war, denn hier auf dem steinigen und bergigen Gelände konnte ich mich keinen Zentimeter vorwärts bewegen. Als ich darüber nachdachte, unter welchen Baum ich mir ein schattiges Plätzchen suche, um in meinem Buch zu lesen, während unsere Freunde sich das Bauwerk anschauten, kamen sie mit einer tollen Nachricht von der Kasse zurück. Sie berichteten, dass in der Neuzeit bei

Außenfahrstuhl - Akropolis

umfangreichen Restaurationsarbeiten auch ein Außenfahrstuhl angebaut worden war. Nur bei Windstille können Rollstuhlfahrer damit die obere Burg erreichen. Phantastisch, denn bis dahin gab es keine Möglichkeit für körperlich behinderte Menschen, diese wichtigste historische Stätte zu besichtigen.

Die Aussicht von oben war unbeschreiblich und einfach atemberaubend. Wir schauten über das graue Häusermeer bis weit zu den Bergen, die Athen umgeben.

Ungefähr 500 m östlich der Akropolis entdeckten wir das Olympieion, den Tempel des olympischen Zeus. Auf sandigen, festgetretenen, ebenen Wegen und dank der vorhandenen Rampe konnten wir mit unseren Rollis ohne fremde Hilfe den monumentalsten Tempel des griechischen Festlandes erreichen.

Beeindruckt standen wir vor den 15 von ehemals 104 korin-
thischen Säulen, die
noch original erhalten
sind. Wann und wie
das Gebäude zerstört
wurde, ist bis heute
unbekannt. Vermut-
lich geschah dies durch
ein Erdbeben im
Mittelalter.

Zeustempel - Athen

Die historischen Bauten, insbesondere deren Einbindung und
Präsenz in den Alltag, waren außerordentlich beeindruckend.
Um aber die einzigartige Aura dieser Metropole als Ganzes zu
spüren, wollten wir unbedingt noch einen Stadtbummel in
Athens Altstadt unternehmen.

Plaka nennt man das stimmungsvolle, einem Labyrinth ähnliche
Gewirr von malerischen engen Gassen und Plätzen. Unzählige

Tavernen und kleine
Cafés im Freien sind
typisch für das Alt-
stadtviertel und unter-
streichen das südländi-
sche Flair. Sie bilden
einen reizvollen Kont-
rast zum hektischen,
vom Verkehrslärm ge-
prägten Treiben der

Plaka - Athen

Großstadt und laden zum Verweilen ein. Zahlreiche Souvenirläden, Lederwaren- und Schmuckgeschäfte liegen dicht aneinan-
der, wie auf einer Perlenkette aufgereiht. An vielen Straßenecken
werden Produkte direkt vom Auto verkauft oder von „flie-
genden" Händlern an kleinen Marktständen angeboten.

Das Bummeln machte uns großen Spaß, obwohl wir ohne Hilfe

in die meisten der Geschäfte nicht hineingelangen konnten. Zumeist galt es, eine oder mehrere Stufen zu überwinden. Die Innenräume waren durch aufgetürmte Verkaufswaren zugestellt und dadurch zu eng, um darin umher zu rollen. Doch viele Produkte wurden vor dem Laden ausgelegt und aufgehangen. Das Aushandeln eines günstigen Preises und der Kauf spielten sich hauptsächlich auf den Straßen ab, so dass wir eigentlich keinen Nachteil erlebten. Im Gegenteil, die lockere Atmosphäre lud uns in eines der Straßen-

cafés ein, obwohl die Schwierigkeit eine geeignete Toilette zu finden, wie ein Damoklesschwert über uns hing. Das kühle, erfrischende Bier schmeckte bei der Hitze köstlich, und mit viel Vergnügen beo-

Zentralmarkt - Athen

bachteten wir das unterhaltsame und quirlige Treiben um uns herum.

Beim weiteren Bummeln durchstreiften wir eben noch eine Gasse mit buntem Basartreiben, da stießen wir erneut auf ein antikes Bauwerk, den Turm der Winde, direkt hinter einer Taverne am Ende des Weges gelegen. Der 13 m hohe, achteckige Turm aus dem 2. Jahrhundert v. Chr. diente als Uhr, Wetterkarte und möglicherweise auch als Planetarium.

Bevor es zurück ins Hotel ging, kehrten wir natürlich noch in einem gemütlichen Restaurant ein, um bei gutem Essen und griechischem Wein den Tag ausklingen zu lassen.

Im Süden wird die griechische Hauptstadt vom Mittelmeer begrenzt. Hier liegt die Hafenstadt Piräus mit einem der größten Häfen Europas. Sie ist ein Teil des Großraumes von Athen. Mit der Metro oder dem Bus gelangten wir als Rollstuhlfahrer problemlos in diesen Stadtteil.

Für uns schon eine vertraute Strecke, denn täglich fuhren wir von unserem Hotel, welches in Piräus lag, in die Innenstadt und zurück. In einem Reisebüro erfuhren wir, dass es möglich ist, von hier aus eine ganztägige Kreuzfahrt zu den drei saronischen Inseln Aegina, Hydra und Poros zu buchen. Da diese praktisch vor Athens Haustür liegen, sind sie nicht nur bei den sonnenhungrigen Touristen beliebt, sondern viele Athener verbringen hier regelmäßig ihre Wochenenden und Ferien, um dem Großstadttrubel zu entfliehen. Das wollten auch wir uns nicht entgehen lassen.

Am Tag der gebuchten Reise ging es ungewöhnlich früh los. Auf Bahn oder Bus waren wir nicht angewiesen, da das Hotel nicht weit vom Hafen entfernt lag. Auf der Suche nach unserem Kreuzfahrtschiff stellten wir jedoch fest, wie unendlich weitläufig das Hafengelände war. Nur gut, dass wir ausreichend Zeit eingeplant hatten. Einen ganzen Urlaubstag könnten wir hier verbringen, so viel Interessantes gab es zu bestaunen. Mehr supermoderne Schiffe und unzählige, riesige Autofähren, die endlos Reisewillige mit ihren Autos verschluckten, hatten wir vorher noch nirgendwo gesehen.

Endlich standen wir vor einem ansehnlichen Boot. Es war die „ANNAMARU". Mit diesem Schiff sollte die Kreuzfahrt stattfinden. Über die zwar etwas steile Rampe war das Einsteigen durch die Schiebehilfe unserer Freunde kein Problem. Das schöne Wetter lud uns ein, auf Deck Platz zu nehmen. Allerdings war es nur über eine Treppe erreichbar. Uta und Roland zogen uns mit dem Rollstuhl

Insel Poros

die etwa 10 Stufen hinauf. Dort konnten wir, wie die anderen Passagiere auch, in der warmen Meeresbrise sonnenbaden und gleichzeitig die hervorragende Rundumsicht genießen.

Unser erstes Ziel war die Insel Poros. Sie ist vulkanischen Ursprungs und liegt unmittelbar vor der Halbinsel Peloponnes. Das Schiff schlängelte sich in langsamer Fahrt durch eine flussartige Meerenge und legte direkt vor den Häusern an der Uferstraße an. Die Insel ist mit nur 31 Quadratkilometern ein eher kleines, grünes Eiland. Die etwa 4000 Einwohner leben fast alle im entlang dem Pier gelegenen Hauptort.

Wir bekamen eine halbe Stunde Zeit, um die Gegend zu erkunden. Doch das Aussteigen erwies sich schwieriger als erwartet. Der Kai der Anlegestelle lag sehr tief, so dass die aus dem Schiffsrumpf ausgeklappte Rampe fast 70% Steigung aufwies. Davor galt es, eine mindestens dreißig Zentimeter hohe Kante zu überklettern. Obwohl die kräftigen Männer der Crew Horst im Rollstuhl sicher im Griff hatten, sah das für mich zu wacklig und wenig vertrauensvoll aus. Deshalb entschied ich, an Bord zu bleiben. Hoch

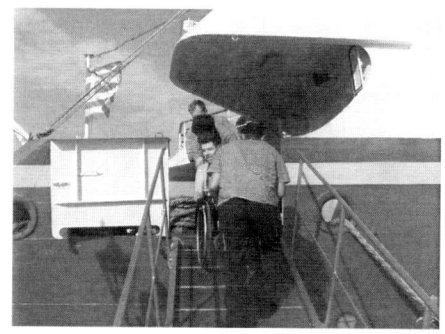

Waghalsiger Transfer

oben vom Schiff genoss ich einen herrlichen Ausblick auf das Treiben im Ort.

Die halbe Stunde war blitzschnell vorbei und die Fahrt ging schon weiter zur Insel Hydra. Diese ist im Gegensatz zum idyllischen Poros eine karge, unfruchtbare und wasserarme Felseninsel. Große, fast festungsartig wirkende Häuser an den steinigen Berghängen prägten das vor uns liegende Bild. Da wir schon vom

Schiff aus die bergigen Wege und Straßen erkennen konnten, gingen Horst und unsere Freunde auch diesmal ohne mich von Bord.

Auf der 60 Quadratkilometer großen Insel wohnen nur ca. 2700 Einwohner. Durch die engen, stufenreichen Gassen fährt kein Auto. Wie in vergangenen Jahrhunderten befördern Esel und Maultiere die Lasten, die Koffer und andere Gepäckstücke der Urlauber. Vom Deck des Schiffes aus boten sich mir zum Teil wildromantische Ausblicke, wie zum Beispiel ein Blick auf die, auf einem Felsen stehende, Burgruine.

Lastenesel - Insel Hydra

Der Spaziergang durch die gepflasterten Gassen und über unebene, zum Teil extrem steile Wege war auch für Horst nur mit einer waghalsigen Rollifahrt zu bewältigen.

Inzwischen war es Nachmittag geworden und die Sonne brannte erbarmungslos auf uns herab. Nur der kühle Meereswind brachte kurzzeitige Erfrischung. Der nächste Halt sollte an der 83 Quadratkilometer großen Insel Aegina erfolgen. Die Nähe zum Festland und das milde Klima mit wenig Niederschlägen macht dieses Eiland traditionell zur klassischen Sommerresidenz wohlhabender Athener. So gleicht diese Insel den mondänen Badeorten, die man überall auf der Welt findet.

Wir bummelten gemütlich die mit vielen klassizistischen Häusern gesäumte Strandpromenade entlang. In den Cafés vertrieben sich die Menschen die Zeit damit, Karten oder Backgammon zu spielen. An einem Strandabschnitt entdeckten wir einen Holzsteg, der von der Promenade aus über den weißen Sand fast bis zum Meer führte. Wir rollten problemlos bis zum

Wasser. Die Hitze war erbarmungslos. Ein Bad würde die ersehnte Erfrischung bringen. Nichts und niemand konnte Horst aufhalten. Er rutschte vom Rollstuhl auf den Holzsteg hinunter und lies sich von den Wellen des Meeres auffangen, um sich abzukühlen.

Auf dem Weg zum Schiff zurück kauften wir noch frisch geröstete Pistazien. Wir erfuhren, dass diese gleich kiloweise angebotene Spezialität der Insel bei den Griechen wegen ihres herzhaft würzigen Geschmackes außerordentlich beliebt ist und liebevoll „Aeginis" genannt wird.

Es war Zeit, an Bord zu gehen. Geschafft vom langen mit unterschiedlichen Erlebnissen gefüllten Tag genossen wir die ruhige Rückfahrt und die wunderschönen Blicke auf das näher kommende, in Dämmerlicht gehüllte Athen.

Bei Sonnenuntergang und einer Temperatur von immer noch 32 Grad Celsius kamen wir in Piräus an. Die hektische Betriebsamkeit im Hafen von heute Morgen war einer entspannten Feierabendatmosphäre gewichen. Nur noch vereinzelte Händler boten ihre gekochten Maronen oder Süßigkeiten an. Die Fähren hatten ihre riesigen Lademäuler bereits geschlossen. Sie schienen die Ruhe bis zum Ansturm am nächsten Tag zu genießen. Auch wir waren müde und freuten uns auf unser Bett, zumal für den kommenden Tag die Abreise aus Athen zur Halbinsel Peloponnes bevorstand.

Durch Athen angeregt wollten wir noch weiteren antiken Mythen auf die Spur kommen. Und diese glaubten wir, insbesondere auf der nahe gelegenen Halbinsel Peloponnes zu finden.

Die Insel erinnert an eine Hand mit 3 Fingern und gehört zu den aufregendsten Landschaften Griechenlands. Die Reiseführer versprachen uns bizarre Natur, einsame Strände, wilde Berglandschaften und jede Menge Ausgrabungsstätten von Weltruhm.

Auf der Landkarte entdeckten wir so klingende Namen wie Korinth, Sparta und Olympia – hier schien unser Traumreiseziel zu sein.

Die Weiterreise sollte mit dem Auto erfolgen. Schon in Deutschland hatten wir einen Mittelklasse-Wagen gebucht. Wir entschieden uns für ein kostengünstiges Fahrzeug, da Roland und Uta die gesamte Strecke fahren wollten. So konnten wir auf ein spezielles Handicap-Auto mit Handbedienung für Gas und Bremse verzichten. Und das Verladen des Gepäcks und der Rollstühle würde mit ihrer Hilfe für uns ebenfalls wesentlich einfacher sein.

Wir hatten verabredet, dass die Autovermietung den Wagen zum Hotel bringt. Erwartungsvoll standen wir mit unseren Koffern vor dem Eingang und waren gespannt, was für ein Gefährt man uns bringen wird. Nach einer längeren Wartezeit, die unsere Geduld auf eine harte Probe stellte, kam endlich ein Auto vorgefahren. Die Automarke sagte mir nichts, aber wirklich geräumig sah es nicht aus.

Der junge Grieche stieg aus und schaute irritiert auf uns und unser Gepäck. Dann blickte er wieder auf das Auto und schüttelte den Kopf. In seinem Gesicht konnte man deutlich ablesen, dass er es viel zu klein fand und nicht glaubte, dass das, was da alles auf der Straße stand, hineinpasste. Auch wir waren unsicher, ob das gesamte Gepäck und wir vier Personen in dem Auto Platz finden würden.

Doch Roland zeigte Coolness, und mit Ruhe begannen wir, einzupacken. Die Rollstühle zerlegten wir und verstauten die Einzelteile sicher zwischen den Koffern und Taschen im Kofferraum und im Wageninneren. Wichtig war, dass der Fahrer ausreichend Platz hatte und beim Steuern nicht behindert wurde. Wir anderen mussten zusammen rutschen. Die Klimaanlage funktionierte und hielt die Hitze draußen. Gutgelaunt, trotz der Enge im Auto, ging es den nächsten Abenteuern entgegen. Im

Rückspiegel sahen wir, dass der junge Mann immer noch ungläubig den Kopf schüttelnd wie angewurzelt vor dem Hotel stand.

Nachdem wir Athen hinter uns gelassen hatten, fuhren wir auf einer gut ausgebauten Autobahn auf direktem Weg zur Insel Peloponnes. Nach kurzer Zeit erreichten wir bereits den Kanal von Korinth. Es war um die Mittagszeit. Die Sonne brannte erbarmungslos vom Himmel auf uns herab. Der richtige Moment, um eine Rast einzulegen. Wir wollten das imposante Bauwerk besichtigen und im Schatten am Ufer eine Tasse Kaffee trinken.

Der Kanal ist acht Meter tief und an der Wasseroberfläche 24 m breit. Die seitlichen Felswände ragen an einem Ende bis zu 76 m empor. Er wurde 1893 nach 12 Jahren Bauzeit vollendet. Schnurgerade durchzieht die Wasserstraße auf einer Länge von etwa 6 km den schmalen Isthmus und trennt Peloponnes vom Festland. Kurz vor dem anderen Ende der breiten Rinne führt eine alte Straßenbrücke - nur wenig über dem Wasser gelegen - zum gegenüberliegenden Ufer. Von hier aus hatten

Kanal von Korinth

wir einen schönen Blick und beobachteten, wie größere Schiffe mit Hilfe eines Schleppers und Lotsen durch die Schleuse gezogen werden. Doch die Brücke ist ihnen im Weg. Geschwind wird sie für den Fußgänger- und Fahrzeugverkehr gesperrt und beginnt sich zu bewegen. Fasziniert staunen wir, wie sie langsam im Wasser versenkt wird, so dass auch die riesigen Kähne problemlos den Kanal durchqueren können.

Nachdem wir uns die Fahrpause gegönnt und genug fotografiert hatten, fuhren wir weiter, denn bis zu unserer Unterkunft mussten wir noch einige Kilometer zurücklegen.

Sobald man die Autobahn verlässt, muss der Fahrer besonders aufmerksam sein. Die griechischen Landstraßen sind wegen der bergigen Landschaft kurvenreich und teilweise in schlechtem Zustand. Mitunter enden sie auch plötzlich und unvorhergesehen. So fuhren wir durchweg nur mit einem gemäßigten Tempo. Gut so, denn nach einer engen und steilen Kurve passierte es uns, dass wir unverhofft stark bremsen mussten. Ein Schäfer überquerte mit seiner Herde gemächlich die Fahrbahn und hinderte uns für einige Zeit an der Weiterfahrt.

Nach einer mehrstündigen Fahrt erreichten wir den kleinen Ort Assini. Hier hatten wir unsere Unterkunft schon in Deutschland gebucht. Die Straße oder besser den unbefestigten Weg, der zum Haus führte, übersahen wir zunächst und fuhren daran vorbei. Im Dorf kehrten wir um, weil wir uns einig waren, dass es doch die richtige Abfahrt gewesen sein musste. Anfangs war der Weg noch asphaltiert, dann quälten wir uns den sandigen, immer steiler ansteigenden Berg hinauf, dabei hoffend, dass das Auto nicht stehen blieb. Oh, oh, was wird uns noch erwarten?

Oben angekommen erblickten wir ein zweistöckiges weißes Haus mit einer Treppe. Die Gastgeberin begrüßte uns herzlich in einem akzentfreien Deutsch. Ich blieb noch im Auto sitzen, während Horst mit unseren Freunden und der Vermieterin alles erkundete. Wie telefonisch verabredet hatten sie das ebenerdige Zimmer für uns reserviert. In der oberen Etage lag das andere Appartement. Hell und geräumig mit zwei wunderschönen Balkonen, je einer nach Osten bzw. Westen zeigend und viel Platz, um auch mit dem Rollstuhl problemlos zurechtzukommen. Außerdem waren die Zimmer groß genug, so dass wir alle vier darin wohnen konnten.

Nun hatte ich die Qual der Wahl: Ziehen wir ins Erdgeschoss mit Gartenblick oder in die Wohnung in den ersten Stock mit den Balkonen und der phantastischen Aussicht? Letztendlich entschied ich mich für den Ausblick, obwohl dies für Horst und mich bedeutete, morgens und abends mit Anstrengung die Treppe zu überwinden, und für unsere Freunde, die Rollstühle täglich hoch und runter zu tragen. Trotz der Mühe war es die richtige Entscheidung.

Einen Spaziergang in die Umgebung des Hauses, auch zum nahegelegen Ort, konnten wir ohne Auto nicht unternehmen. Es war zu bergig. Tagsüber waren wir unterwegs. Am späten Nachmittag kamen wir

Täglich hoch und runter

angefüllt mit Erlebnissen in die Ferienwohnung zurück. Es war einfach wunderbar, bis zur Dämmerung auf dem Balkon zu sitzen und nach der Tageshitze die abendliche Kühle auf der Haut zu spüren. Mit der herrlichen Aussicht, den schönsten Sonnenuntergängen und einem Glas Wein beendeten wir meist den Tag. Da es sich bei der anhaltenden Hitze auch nachts in den Räumen nicht abkühlte, nutzte Horst die Möglichkeit, sein Nachtlager ab und zu auf dem Balkon aufzuschlagen.

In unmittelbarer Nähe unserer Unterkunft befand sich das am Meer gelegene Seebad Tolo, ein Badeort mit tagsüber typischem Strandleben. Für Rollstuhlfahrer eher nicht geeignet, weil wir nicht bis zum Wasser, ja noch nicht einmal zum Strand rollen konnten. Abends verwandelte sich der Ort in einen beliebten Treffpunkt zum Bummeln. In den unzähligen Restaurants entlang den Straßen und dem Strand ließ es sich herrlich schlemmen.

Auch wir suchten den Ort an manchen Abenden auf, um dort zu speisen. Einmal entdeckten wir eine Taverne, deren eingedeckten Tische unmittelbar am Ufer standen. Schade, sie schienen nur über eine steile Treppe ohne Handlauf erreichbar zu sein. Während wir sehnsüchtig hinunterblickten und überlegten, ob wir doch irgendwie dahin gelangen könnten, entdeckte ich am Nebeneingang eine schiefe Ebene. Wir fuhren in das Haus und staunten, dass sogar ein Fahrstuhl vorhanden war, der uns nach unten brachte. Wir mussten noch verwinkelte Gänge durchqueren, erreichten aber dann tatsächlich die Gaststätte. Wir nahmen an einem der gedeckten Tische direkt am Strand Platz. Bei Sonnenuntergang und einem köstlichen Fischessen verbrachten wir hier einige schöne Stunden.

In der Reisevorbereitung hatten wir zuerst an eine Rundreise über die Insel Peloponnes gedacht. Doch scheiterte dieses Vorhaben, da es dort keine preiswerten und rollstuhlgerechten Unterkünfte gab. Deshalb wählten wir für unsere Ferienwohnung eine Region aus, die durch eine Fülle oft dicht beieinanderliegender antiker Sehenswürdigkeiten gekennzeichnet war.

Unser erster Tagesausflug führte uns nach Mykene. In vorklassischer Zeit eine der bedeutendsten Städte Griechenlands und heute eine der meist besuchten historischen Stätten. Im Nationalmuseum in Athen hatten wir ein Modell von der Ausgrabungsstätte Mykene gesehen und hegten deshalb die Hoffnung, dass wir mit dem Rollstuhl zumindest einen Teil der Anlage besuchen können.

Mit der Schiebeunterstützung durch unsere Freunde schafften wir es, den langgezogenen, steilen Anstieg zu überwinden, und gelangten erst einmal problemlos bis zum Haupteingang der Burg mit dem weltberühmten Löwentor. Dieses wurde 1250 vor Christus nachträglich in die etwa 100 Jahre ältere Burgmauer eingefügt. Unmittelbar hinter diesem Tor befand sich der Ort der Schliemannschen Ausgrabungen, die Königsgräber. Wir staunten, als wir feststellten, dass die Hauptwege durch die gesamte Anlage entweder in Serpentinen oder über Rampen praktisch stufenlos bis weit hinauf zum Palasttempel führten. Die Besichtigung des Areals stellte somit selbst mit dem Rollstuhl kein Problem dar.

Die Sonne brannte auch heute erbarmungslos vom Himmel herab. Es war schon unerträglich heiß, obwohl es noch nicht einmal Mittag war. Um der Hitze zu entfliehen, gingen wir in das dazugehörige klimatisierte Museum. In dem modernen Neubau konnten wir viele wertvolle Fundstücke im Original oder, wenn sie im Nationalmuseum in Athen ausgestellt sind, als Nachbildung bewundern, wie z.B. die goldene Totenmaske Agamemnons.

Am Fuße des Berges unweit des Parkplatzes lohnte sich der Besuch des Schatzhauses des Atreus, das für uns ebenfalls stufenlos und bequem zu erreichen war. Dieses größte, von bisher neun gefundenen bienenkorbähnlichen Kuppelgräbern, von manchen auch das „Grab des Agamemnon" genannt, wurde gleichfalls von Heinrich Schliemann ausgegraben.

Angeregt und erfreut darüber, dass die Besichtigung für uns so barrierefrei war, waren wir zuversichtlich, auch die anderen antiken Plätze anschauen zu können. So stiegen wir ins Auto und steuerten unser nächstes Ziel an, die bedeutende Kultstätte in Epidaurus. Die tadellos funktionierende Klimaanlage im Wagen ließ uns die Hitze des Tages nicht spüren. Der Weg führte über eine recht gut ausgebaute Straße entlang weitläufiger Orangen- und Olivenhaine. Im Vorbeifahren entdeckten wir gigantische Sprenganlagen, mit denen diese Haine bewässert werden konnten.

Das interessanteste und auffälligste Bauwerk von Epidaurus ist das riesige, in einen Hang gebaute Amphitheater mit grandiosem Blick auf die umliegenden Berge der „Argolis" genannten Region. Die Gegend, obwohl teilweise bergig, zeichnet sich durch eine fruchtbare und liebliche Landschaft aus. Die Wege, die vom Parkplatz zur Zuschauertribüne führten, waren von Bäumen und Sträuchern mit wunderschönen roten Blüten gesäumt. Unerwartet standen wir vor einer Treppe. Ach Stufen, das war erst einmal eine herbe Enttäuschung. Aber nein! Als wir uns genauer umschauten, entdeckten wir, dass es noch einen anderen Weg gab. Dieser schlängelte sich außen herum und führte über eine schiefe Ebene direkt bis in das Theater hinein.

Der antike Bau aus dem 4. Jahrhundert v. Chr. ist hervorragend erhalten. Auch heute noch wird er regelmäßig für Theateraufführungen und Konzerte genutzt. Bis zu 14000 Zuschauer können die imposanten Aufführungen unter freiem Himmel genießen.

Die vordersten der steinernen Sitzreihen haben eine angedeutete Rückenlehne und waren sicher auch schon früher Ehrengästen höheren Ranges vorbehalten. Die Mehrzahl der Besucher muss, wie bei modernen Freilichtbühnen, auf lehnenlosen Bänken sitzen.

Ehrenplätze im Amphitheater - Epidaurus

Schon seit der Antike wird die sagenhafte Akustik hoch gerühmt. In Büchern wird beschrieben, dass der Klang, den ein auf den Boden fallendes Geldstück verursacht, auch noch auf den obersten Reihen deutlich zu hören ist. Horst probierte es mit einem kleinen Gedichtvortrag aus. Uta und Roland platzierten sich auf einer der oberen Bänke. Erstaunlich! Sie konnten jedes seiner gesprochenen Wörter klar verstehen.

Oberhalb des Theaters liegt die eigentliche antike Kultstätte, das bedeutendste Heiligtum des Gottes Asklepios, den die Menschen wegen seiner Heilkunst verehrten. Im ersten Moment wirken solche Ausgrabungsstätten eher verwirrend. Dank der angebrachten Tafeln mit Erklärungen in griechischer und auch in englischer Sprache, konnten wir uns jedoch ausreichend informieren und orientieren, aus welchen Gebäuden und Tempeln diese antike Kur- und Genesungsstätte einmal bestand.

Weite Bereiche des Heiligtums wurden durch die Goten verheerend zerstört. Doch einige Teile sollen wieder hergerichtet werden. So gehen die Ausgrabungen und Restaurierungsarbeiten selbst bei der herrschenden flimmernden Hitze unermüdlich weiter. Für uns war es total spannend, den Arbeitern dabei aus unmittelbarer Nähe zuzuschauen und hautnah zu erleben, mit welchen handwerklichen Techniken die Rekonstruktion heute durchgeführt wird.

Unterwegs auf der Rückfahrt machten wir noch einen Umweg, um uns eine phantastische Naturerscheinung anzuschauen. Schon von weitem sahen wir in der Nähe der kleinen Ortschaft Didyma die kraterartigen Einschläge in einen Felshang, die sogenannten Dolinen von Didyma.

Dolinen sind in Karstlandschaften typische trichter- oder kesselförmige Vertiefungen, hervorgerufen von Auswaschungen des Kalksteines durch Wasser, und haben mitunter eine erstaunliche Größe.

An eine dieser Dolinen konnten wir mit dem Auto direkt heranfahren. Hinter einem offenen, alten Eisentor begann eine Treppe. Für uns war es jedoch unmöglich, die recht grob in den Fels hinein gehauenen Stufen des Ganges nach unten zu gehen.

Während Uta und Roland hinunterkletterten, schauten wir uns oben um. An einigen Stellen konnten wir durch einen Gitterzaun hinab sehen und erblickten auf der rechten Seite eine kleine, unterhalb eines weißgetünchten Felsvorsprunges errichtete Kirche. An der gegenüberliegenden Front befand sich eine direkt in den Felsen hinein gebaute winzige Kapelle, durch deren Tür ein Erwachsener nur gebückt eintreten kann. Obwohl wir gern alles aus der Nähe bewundert hätten, war schon der Anblick einer solch gewaltigen und spektakulären Naturerscheinung für uns beeindruckend und unvergesslich.

Unser Rückweg führte uns an einem einheimischen Markt vorbei. Wir unternahmen einen Einkaufsbummel, denn wir hatten uns vorgenommen, selbst einmal zu kochen, da unsere Ferienwohnung eine erstklassig ausgestattete kleine Küche beherbergte. Frisches Obst und Gemüse wurden an den Ständen der einheimischen Bauern viel preiswerter als in den Supermärkten angeboten. Noch am Rande des Marktes auf einer Bank zerlegten wir mundgerecht eine reife, saftige Melone und löschten unseren Durst mit dem süßen Fruchtfleisch.

Aus dem knackigen Gemüse kreierte Uta einen köstlichen Eintopf. Bei einem Gläschen griechischen Rotweins entspannten wir noch ein Weilchen auf dem Balkon und genossen das lau wehende abendliche Windchen und die angenehme Temperatur. Wir erinnerten uns an die bisherigen schönen Erlebnisse der Reise und besprachen zukünftige Ausflugsziele. Trotz der großen Entfernung von 200 km wollten wir unbedingt auch nach Olympia fahren und planten dies für den nächsten Tag. Da wir am selben Tag zu unserer Unterkunft zurückfahren mussten, stand uns eine längere Fahrt bevor. Deshalb beschlossen wir, früh loszufahren und gingen an diesem Abend zeitiger ins Bett.

Unser erstes Ziel des neuen Tages hieß Nemea, eine von alten Weinbergen umgebene Ausgrabungsstätte. Wie im berühmten

Olympia gab es hier in der Antike im Rahmen der panhellenischen Spiele alle zwei Jahre Wettkämpfe von Athleten. Gleich rechts unmittelbar hinter dem Eingang befindet sich ein modernes, natürlich rollstuhlgerechtes Museum. Wir stellten fest, dass wir gut beraten waren, uns erst dort zu informieren und einen Überblick zu verschaffen. Neben den Ausgrabungsfunden interessierten uns besonders die Modelle und Rekonstruktionen, um anschließend draußen

Zeustempel - Nemea

bei der Besichtigung der Ausgrabungsstätte eine bessere Vorstellung zu haben.

Wichtigstes Bauwerk von Nemea ist der Zeus-Tempel. Nach der Zerstörung im 4. Jahrhundert durch ein Erdbeben sind heute noch einige aufrecht stehende dorische Säulen erhalten, die eine imposante Höhe von fast 10 Metern aufweisen.

Das antike Sportstadion liegt etwas außerhalb des Areals auf einer Anhöhe. Wir erreichten es auch ohne Auto, allerdings mit einiger Kraftanstrengung wegen der stetigen Steigung der Straße.

Ausgezeichnet erhalten und in einer liebevoll gepflegten Anlage eingebettet präsentierte sich uns die etwa 180 m lange Stadionbahn. Es fasste zur damaligen Zeit bis zu 40.000 Zuschauer.

Vom ehemaligen Umkleideraum für die Athleten stehen nur noch einige Säulen. Von hier aus gingen die Sportler durch einen aus Stein gemauerten, gewölbten Durchgang bis zum Stadion, wo sie in der Regel ihre Wettkämpfe nackt absolvierten. Hier in dieser antiken Sportstätte befindet sich der einzige derartige Eingangstunnel, der bis zur Gegenwart noch vollständig erhalten ist.

Er ist etwa 36 m lang. Als wir die Stätte besuchten, war der Tunnel für Besucher wegen Bauarbeiten jedoch gesperrt. So

gingen wir außen herum in das eigentliche Stadion. Die Länge beträgt etwa 178 m. Deutlich erkannten wir noch die in Stein gehauenen Startpositionen für die Läufer in der Startanlage.

Startposition der Läufer

Nach der Besichtigung dieser gepflegten Anlage waren wir noch mehr auf das 200 km entfernte Olympia gespannt.

Zunächst hatten wir jedoch eine längere Fahrt quer durch Peloponnes vor uns. Eine wegen Straßenbauarbeiten verursachte Umleitung sorgte dabei für einige Überraschungen. Zum einen konnten wir auf der direkten, ausgebauten Straße nicht mehr weiter fahren und mussten auf kleinere Nebenstraßen, die mitten durch das Gebirge führten, ausweichen. Zum anderen hatten diese Wege stellenweise nicht einmal entfernt Ähnlichkeit mit einer Fahrbahn. Es waren zuweilen unbefestigte, sandige Feldwege. Manche endeten plötzlich und unerwartet in einer Gebirgssackgasse. Mehrmals kehrten wir um, weil die Wege so miserabel wurden, dass wir um das Auto bangen mussten. Nur vereinzelt lagen kleine Bergdörfer auf der Strecke. Hier schienen nur noch wenige, insbesondere alte Menschen zu wohnen. Sie saßen auf Bänken vor ihren Häusern. Gekleidet mit kuttenähnlichen Gewändern blickten sie reglos vor sich hin oder beteten, indem sie die Perlen ihres Rosenkranzes durch die Finger gleiten ließen. Die Zeit schien still zu stehen. In den Orten bemerkten wir weder Autos vor den Grundstücken noch Tavernen oder Supermärkte. Diese Dörfer wirkten mystisch und unbeschreiblich geheimnisvoll, und doch irgendwie reizvoll. Es entfachte in uns ein Feuerwerk unterschiedlichster Emotionen. Auf jeden Fall fühlten wir uns in ein längst vergangenes Jahrhundert zurückgebeamt. Nach wesentlich mehr Zeit als eingeplant erreichten wir am späten Nachmittag doch noch Olympia.

Heutzutage ist dieser Ort für Touristen ein beliebtes Reiseziel, da dort 100 Jahre lang die antiken Olympischen Spiele ausgetragen wurden. Der Tourismus ist für die Einwohner des kleinen Ortes lebensnotwendig und bildet somit die wichtigste wirtschaftliche Basis.

Da wir dem Reiseführer entnommen hatten, dass in der riesigen Ausgrabungsstätte nur noch wenige einzelne Gemäuer erhalten geblieben sind, rollten wir zunächst zum modernen archäologischen Museum, um uns umfassend zu informieren. Hier kamen wir ohne Hilfe zurecht und bewunderten, wie die anderen Besucher, die weltberühmten Exponate.

Wie in allen Museen gab es auch hier eine Rollstuhltoilette. Doch in diesem Haus war das WC nur über eine Treppe zugänglich. Glücklicherweise war das kein Problem für uns, denn es existierte ein Treppenlift.

Die Ausgrabungsstätte war über ebene Wege zu erreichen. Nur durch die sandigen Pfade war das Rollen nach einiger Zeit zugegeben etwas mühselig, so dass wir froh waren, Uta und Roland als Helfer an unserer Seite zu haben.

Nur Ruinen - Olympia

Olympia war gleichermaßen Wettkampfstätte und eines der geistigen Zentren der Antike. Es stellt bis heute ein faszinierendes Heiligtum dar, obwohl es nur noch eine unüberschaubare Steinwüste mit zahlreichen Ruinen, wie z.B. den Resten des Zeustempels oder der Palaestra, dem Trainingsplatz für Weitsprung und Kampfsport, ist.

Nach der Besichtigung machten wir uns sofort auf den Rückweg, denn wir hatten noch eine lange Fahrt vor uns. Erst gegen Mitternacht erreichten wir unsere Ferienwohnung und fielen todmüde ins Bett.

Unser wunderschöner Urlaub neigte sich langsam dem Ende entgegen. Wir hatten bereits etliche antike Stätten besichtigt und Lust und Interesse, auch andere Kulturlandschaften Griechenlands kennen zu lernen.

Im Süden von Peloponnes liegt eine der rauesten und bizarrsten Landstriche, die Mani.

Küstenlandschaft - Mani-Region

Manche nennen diese Region, "das unentdeckte Griechenland". Auch heute wagen sich wegen der Unzugänglichkeit und Unwegsamkeit nur recht wenige Touristen hierher.

Ausgangspunkt unserer Entdeckungsfahrt war die Stadt Gythio. Sie liegt am östlichen Ufer des „Mittelfingers" des Peloponnes, ist mit ca. 4000 Einwohnern der größte Ort der Mani und gilt als deren Hauptstadt. Die Hafenstadt mit ihren idyllischen Häusern, die sich eng an die Berghänge schmiegen, zieht sich entlang dem Meeresufer. Die verwinkelten schmalen Gassen der Altstadt und der Hafen, in dem kleine und größere Fischerboote geruhsam schaukeln, machen die Ortschaft zu einem touristischen Erlebnis.

Unser Bummel durch die idyllisch anmutenden Straßen und Gassen führte uns bis zum Meer. Wir schlenderten am Ufer entlang und gelangten am Rande der Altstadt zu einer Halbinsel, Marathonisi genannt, die nur über einen Straßendamm mit dem Festland verbunden ist. Über das kleine Eiland schlängelte sich ein unbefestigter Weg bis zu einem heute noch bewohnten Leuchtturm. Davor lag in einem Pinienhain ein wuchtiger Ziegelsteinbau, ein zinnenbewehrter Wohnturm. Solche Wohntürme sind das Wahrzeichen der Mani-Region. Es sind kleine Burgen, in denen die Bewohner sich in dieser abgelegenen Gegend Griechenlands in früheren Jahrhunderten vor Piraten, Eroberern aber auch vor streitsüchtigen Nachbarn zu schützen wussten.

Unsere weitere Fahrt, tiefer hinein in das Mani-Gebiet, lässt uns eine felsige, oft schroffe Landschaft, nackte Berge und unzugängliche Küsten erblicken. Die meist kleinen Dörfer, an denen wir vorbei kamen, erinnerten mit ihren Wohntürmen eher an Burganlagen. Die ungewöhnlichsten, gleichzeitig aber bedeutungsvollsten Siedlungen mit halbverfallenen Wohnturmruinen und engen, unpas-

Wehrturmstadt - Vathia

sierbaren Gassen liegen im südwestlichen Zipfel auf dem Gebiet der so genannten Inneren Mani. Ein unheimliches, jedoch eindrucksvolles Beispiel ist der nahezu menschenleere Ort Vathia, der hauptsächlich von lautkläffenden Hunden besiedelt zu sein schien.

Wie in anderen Gegenden stößt man in dieser Gebirgsregion auf Höhlen. Begeistert waren wir von der Tropfsteinhöhle von Pirgos Dirou, die zu den schönsten Europas zählt. Sie wurde 1900 entdeckt, aber erst nach 1946 zugänglich gemacht. Wie wir im Reiseführer gelesen hatten, war das Reizvolle an dieser Höhle, dass man sie nicht durchläuft, sondern dass man durch das schier unendliche Labyrinth mit Booten gefahren wird. Für uns wäre es die erste, wahrscheinlich die einzige Möglichkeit, jemals eine Tropfsteinhöhle zu besichtigen.

Wir waren aufgeregt und gespannt, ob das klappen würde. Wie befürchtet war die Höhle nur über eine Treppe erreichbar. Die netten Mitarbeiter boten an, uns die Stufen mit dem Rollstuhl hinunterzutragen. Jedoch versuchten wir, selbständig hinunterzusteigen. Es ging besser als gedacht, denn die einzelnen Treppenstufen waren flach und es gab einen stabilen Handlauf zum Festhalten.

Unsere Mühe hatte sich gelohnt, denn die Besichtigung der Höhlenwelt war ein unvergessliches Erlebnis. Mehr als eine halbe Stunde lang wurden wir bei einer Temperatur von 16-20 Grad vom Bootsführer über den etwa 1300 m langen Höhlenfluss und die unterirdischen Seen gestakt. Wir durchfuhren eine bizarre Stalaktiten- und Stalagmitenlandschaft mit immer neuen Ausblicken. Diese waren atemberaubend, Respekt einflößend und gleichzeitig wunderschön.

Beim Plausch mit den Mitarbeitern an der Kasse der Tropfsteinhöhle erfuhren wir, dass nur eine Autostunde entfernt der südlichste Punkt des Festlandes von Europa zu finden sei. Ein Blick auf die Uhr verriet uns, dass es noch nicht zu spät war, und wir beschlossen: Das müssen wir sehen!
     Über urige, schluchtendurchzogene Berglandschaften führte der Weg uns zu der beschriebenen Stelle. In einem Tal gelegen

und von hohen Bergen umgeben zog sich an einer Bucht ein 400m langer Kiesel-Sand-Strand entlang. Eine bezaubernd schöne Landschaft lag vor uns, und wir vermochten kaum den Blick abzuwenden. Den allerletzten Zipfel des Festlandes konnte man jedoch nur zu Fuß erreichen.

Während unsere Freunde dorthin wanderten, saßen Horst und ich am Strand in der Sonne und genossen die Stille der späten Nachmittagsstunden. Nur wenige Einheimische waren unterwegs, und Reisende verirrten sich hierher offensichtlich kaum. Ein Bad im kühlen Meerwasser brachte Horst die nötige Erfrischung.

In Gegenden mit wenig Tourismus findet man oft eine unverfälschte, hervorragende, einheimische Küche. Wir verzehrten in einer direkt am Meer gelegenen Taverne ein köstliches Abendessen, bevor wir den weiten Rückweg zu unserer Unterkunft antraten.

Am letzten Urlaubstag wollten wir nicht wieder hunderte Kilometer fahren, sondern uns noch etwas in der Nähe anschauen.

Horst hatte im Reiseführer entdeckt, dass sich eine Thermalquelle mit dazugehörigem Thermalbad auf der nahegelegenen Halbinsel Methanon befindet. Diese ist vulkanischen Ursprungs und mit einer felsigen Landbrücke mit Peloponnes verbunden.

Die größte Stadt, Methana, ist ein idyllischer Kurort. Schon am Ortseingang stieg uns der Geruch nach faulen Eiern, typisch für Schwefelquellen, in die Nase. Voller Erwartung glaubten wir uns am Ziel. Unmittelbar hinter dem Ortseingangsschild entdeckten wir ein riesiges Außenbecken. Es war mit Wasser gefüllt, welches eine weißlich-graue Farbe zeigte. Je näher wir kamen, um so intensiver wurde auch der stechende Schwefelgeruch. Verwunderlich war nur, dass kein einziger Mensch darin badete. Nur ein Hund tummelte sich offensichtlich vergnügt im Wasser. Wir erfuhren, dass es noch kein öffentliches Thermalbad zum

Schwimmen gab, sondern man nur auf ärztliches Attest ein Wannenbad nehmen konnte.

Nach einem Bad in einer Wanne stand uns an diesem warmen Sommertag wahrlich nicht der Sinn. Die Enttäuschung spiegelte sich sicher deutlich auf unseren Gesichtern, so dass ein dort arbeitender, junger Mann auf uns zukam und berichtete, dass es eine Stelle am Meer gäbe, an der sich eine unterirische Thermalquelle direkt ins Meer ergießt. Dort könne man im warmen Heilwasser baden.

Wir stellten unser Auto auf einem Parkplatz ab und wanderten los. Auf der Suche nach dieser Badestelle entdeckten wir malerische Fleckchen in den Straßen dieses Kurortes. Die Stadt erstreckte sich am Meer entlang und verfügte über eine wunderschöne, palmenreiche Strandpromenade. Unter den schattigen

Bäumen flanierten wir in der sengenden Mittagshitze dem Weg folgend und beobachteten dabei die ankommenden und abfahrenden Schiffe. Zu dieser Siesta-Zeit waren nur wenige Menschen unterwegs.

„Thermalbad" im Meer - Methana

Mehrmals mussten wir noch nach dem Weg fragen. Als wir unser Vorhaben schon fast aufgeben wollten, weil wir glaubten, den Mann falsch verstanden zu haben, entdeckten wir wahrhaftig eine kleine Bucht, in der drei etwas korpulente griechische Bürger badeten. Von ihnen erfuhren wir, dass sich an dieser Stelle eine heiße Quelle ins Meer ergießt. Endlich hatten wir die thermalwasserhaltige Badebucht gefunden.

Als die Badenden das Wasser verließen, unterhielten wir uns noch ein wenig miteinander, da sie glücklicherweise englisch verstanden. Sie waren interessiert zu erfahren, woher wir kamen und was wir uns bereits alles angeschaut hatten. Eine der Frauen bot uns mit ermunterndem Lächeln hellgrüne Feigen, eigene Ernte aus ihrem Garten an. Nach dem ersten, unsicheren Biss stürzten wir uns förmlich auf die süßen, köstlichen Früchte. Anschließend stiegen auch wir in das natürliche, warme Heilwasser, um ein erholsames Bad zu genießen.

Durch das Baden erfrischt und ausgeruht begaben wir uns auf den Weg zurück zum Auto, um in unsere Unterkunft zu fahren. Koffer packen war für den Abend angesagt.

Am Ende unserer Entdeckungsreise angekommen nahmen wir am nächsten Morgen Abschied von der Halbinsel Peloponnes und fuhren auf der Autobahn Richtung Athen.

In Korinth legten wir, wie bereits auf der Hinfahrt, einen Zwischenstopp ein, um diesmal nicht den Kanal, sondern die

Erbarmungslose Hitze - Korinth

dortige Ausgrabungsstätte zu besichtigen. Die heutigen Ruinen gaben uns noch einen guten Eindruck von der ehemals bedeutenden römischen Stadt, bekannt auch dadurch, dass Apostel Paulus hier zeitweise lebte und predigte.

Es war erneut ein extrem heißer Sommertag und die Sonne schien besonders zur Mittagszeit erbarmungslos vom Himmel herab und brachte die Steine und den Sand förmlich zum Glühen. Ich verzichtete deshalb auf einen Rundgang durch die antike Stätte und suchte ein schattiges Plätzchen auf einer erhöhten Stelle unter einem großen Baum mit weit ausladenden Ästen. Von dort hatte ich einen guten Rundumblick.

Horst erzählte mir später, dass er von einem Museumsmitarbeiter etwas schroff angesprochen worden war. Für den war es unverständlich, weshalb man mich zurückgelassen hatte, wo doch die gesamte Anlage barrierefrei umgebaut worden war. Erst der Hinweis auf die Hitze, und dass es mein eigener Wunsch gewesen sei, da oben zu sitzen, konnten den Mann beruhigen.

In Athen angekommen sollten wir den Mietwagen bei einem bestimmten Reiseunternehmen abgeben. Die Adresse war leicht zu finden. Von der deutschsprachigen Reisebüroinhaberin wurden wir anschließend mit einem Kleinbus zum Flughafen gebracht.

Beladen mit unserem Gepäck, phantastischen Bildern und tollen Erinnerungen begaben wir uns zur Abflughalle. Griechenland verabschiedete sich nochmals mit einem stimmungsvollen Sonnenuntergang von uns. Und wir flogen nach Hause.

HORST ROSENBERGER

Am Polarkreis

Rollen durch Eis und Schnee

Nicht weil die Dinge unerreichbar sind,
wagen wir sie nicht.
Weil wir sie nicht wagen,
bleiben sie unerreichbar.
Seneca - Römischer Philosoph

Das Geräusch der Briefkastenklappe drang gedämpft bis ins Wohnzimmer. Ah, die Post. Die meisten Briefe sind gewöhnlich Rechnungen. Der Rest ist Werbung, darunter öfter Prospekte von Reiseveranstaltern. Wir durchstöbern diese gern und schwelgen in Reiseerinnerungen, wenn wir auf den Bildern Gegenden erkennen, die wir schon besucht, Orte und Sehenswürdigkeiten finden, die uns beeindruckt haben. Manches landet in der gedanklichen Wunschliste von „Da müssen wir mal hin", anderes wird ausgeschnitten und kommt in die Kiste „Reise-Ideen".

Im Briefkasten lag diesmal ein Prospekt der Reiseagentur Carsten Müller mit den Angeboten für Herbst und Winter. Ich durchblätterte ihn oberflächlich, mit nur geringem Interesse. In der kalten Jahreszeit zieht es uns eher in den sonnigen Süden. Andererseits waren die gelegentlichen Winterurlaube ausgesprochen erlebnisreich. Gern denke ich z.B. an den Urlaub im Kaunertal in den österreichischen Alpen. Oben auf dem Gletscher bei viel Schnee und strahlendem Sonnenschein hatten wir viel Spaß bei einem Anfänger-Kurs für Monoski, einem Abfahrt-Alpinski mit Sitz für gehandicapte Sportler.

Beim Durchblättern registrierte ich flüchtig, dass für Januar ein „Wintererlebnis" geplant war. Beim Weglegen wurde mir jedoch bewusst, dass ich irgendwas von „Polarkreis" gelesen hatte. Unverzüglich blätterte ich zurück. Tatsächlich, es sollte Ende Januar weit hinauf in den hohen Norden gehen. Neugierig studierte ich den Reiseverlauf, da es sich hier doch um ein recht ungewöhnliches Angebot handelte. Der Veranstalter ist nämlich spezialisiert auf barrierefreies Reisen.

Als Unterkunft wurde im Prospekt eine Lodge, ein Hotel in einem Nationalpark, in Svanstein genannt. Ein fast märchenhafter Name. Wo mag der Ort wohl liegen? Kurz gegoogelt, und ich erfuhr, dass die kleine Gemeinde im schwedischen Lappland angesiedelt ist. Sie liegt kurz hinter dem Polarkreis direkt am schwedisch-finnischen Grenzfluss Torne. Polarkreise nennt man übrigens die auf 66,5° nördlich bzw. südlich gelegenen Breitengrade. Zur Wintersonnenwende am 21. oder 22. Dezember erreicht die Sonne ihren tiefsten Stand, d.h., sie geht gerade nicht mehr auf. Am Jahresanfang dauert der Tag hier nur 2,5 Stunden. Die vorgesehene Reisezeit Ende Januar Anfang Februar war offensichtlich geschickt gewählt, denn die Tage würden schon länger als 6 Stunden sein.

So eine Reise im Winter an den Polarkreis ist garantiert ein ungewöhnliches Abenteuer. Ich träumte bereits von einer Motorschlitten-Safari durch die glitzernde Schneelandschaft, vom Eisangeln auf einem zugefrorenen See in klirrender Kälte, dem Besuch einer Husky-Farm zum Kennenlernen dieser starken und ausdauernden Hunde und einer Schlittenfahrt mit halbwilden Rentieren durch die unendlich einsamen Wälder Lapplands.

Doch Freunde und Bekannte reagierten skeptisch. Sie konnten nicht glauben, dass ich diese Reise unbedingt mitmachen wollte. „Wie willst Du denn mit dem Rollstuhl in Eis und Schnee vorwärts kommen, und das auch noch bei großer Kälte?", wurde ich immer wieder gefragt.

Je mehr ich darüber nachdachte, desto bewusster wurde mir, wie aufwendig und schwierig es wäre, die Vorbereitung und Durchführung einer solchen Tour als Rollstuhlfahrer allein zu realisieren. Und das trotz der großen Reiseerfahrung, die Petra und ich haben.

Den Reiseveranstalter Carsten Müller hatten wir auf der Internationalen Tourismusbörse (ITB) in Berlin kennen gelernt. Er präsentierte damals

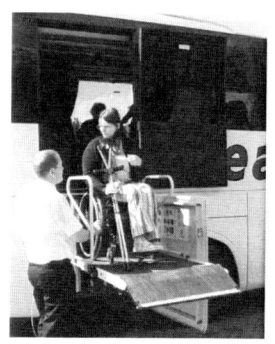

Bus mit Rollstuhl-Lift

in einer der Messehallen seinen ultramodernen Reisebus mit Rollstuhllift. Petra ist heute aus gesundheitlichen Gründen nicht mehr in der Lage, die hohen Stufen des Bus-Einstieges zu überwinden, und mir fällt es ebenfalls zunehmend schwerer. Wir fragten uns deshalb damals, ob Reisen mit so einem Spezialbus für bestimmte Ziele, z.B. Städtereisen, eine Alternative sein könnten?

Es gibt Rollstuhlfahrer, die Vorbehalte gegen solche Gruppenreisen haben. Andere schwärmen von diesen Busreisen. Da wir bisher meist individuell gereist sind, bewegten uns deshalb einige Fragen. Also, wie funktioniert denn so eine Gruppenreise mit mehreren Rollstuhlfahrern wirklich? Wie lange dauert das Ein- und Aussteigen mit dem Rollstuhllift? Ist genug Zeit eingeplant, um alle Sehenswürdigkeiten zu erkunden?

Eine befriedigende Antwort konnten wir endgültig nur erhalten, wenn wir selbst an einer solchen Reise teilnehmen würden. Städtereisen erschienen uns dazu gut geeignet. Als Reiseziele wählten wir Rom und Paris.

Ob man sich letztlich auf diese Reiseart einlassen kann, hängt meines Erachtens davon ab, ob man grundsätzlich gewillt ist, eine Busreise zu unternehmen. Das gilt für Rollstuhlfahrer genauso wie für „Fußgänger".

Zurück zur Polarreise. Sie ging mir nicht mehr aus dem Sinn. Letztendlich gelangte ich zu dem Schluss, dass ich sie mir um keinen Preis entgehen lassen sollte. Ich erzählte Petra mit strahlenden Augen davon. Sie antwortete: "Nee, das wäre mir viel zu kalt.". Dann sah sie mich schelmisch an und sagte: "Wenn du mir versprichst, dass du nicht versuchst, mich zu überreden, dass ich mitkomme, solltest du fahren. Davon hast du doch schon immer geträumt!"

Ich meldete mich an. Dann banges Warten. Würden sich genug „Abenteurer" finden? Endlich kam die Rückmeldung: Wir fahren! Nun galt es, einige konkrete Reise-Vorbereitungen zu treffen. Normalerweise packen Petra und ich immer gemeinsam. Doch diesmal fuhr ich allein, d.h., ich war selbst für alles verantwortlich. Ehrlich gesagt war ich froh, dass Petra mich trotzdem tatkräftig unterstützt hat.

Um mich ein wenig einzustimmen und mit Land und Leuten vertraut zu machen, holte ich mir Bücher und Reiseführer aus der Bibliothek und durchforstete das Internet. Hier kann man die interessantesten Tipps und Hinweise finden, ja sogar Checklisten für die Reisevorbereitung.

Drei Dinge fand ich besonders wichtig. Als Erstes brauchte ich einen zweckmäßigen Schutz für Gesicht und Lippen vor dem Frost. Ich hasse es, wenn sie rissig werden. Eine geeignete Fettcreme und Lippenbalsam waren in der Apotheke um die Ecke schnell besorgt.

Als Zweites überprüfte ich meinen Kleiderschrank auf wintertaugliche Sachen, denn zugegeben, ich friere leicht. Mit dem Ergebnis unzufrieden, schien mir das Sportgeschäft im nahegelegenen Einkaufscenter die richtige Adresse, um Fehlendes zu ergänzen. Die Verkäuferin kannte sich super aus, da zu ihrem Kundenkreis Wintersportler und auch Menschen gehören, die in frostiger Kälte arbeiten, beispielsweise auf Bohrinseln in der Nordsee. Schnell begriff ich, am effektivsten funktioniert bei extremer Kälte das Zwiebelschalensytem, d.h. mehrere dünne Lagen übereinander. Leicht hätte ich den Reisepreis durch diesen Einkauf doppeln können. Am Ende entschied ich mich für eine gefütterte Unterhose, eine dünne Mikrofaserjacke als zweite Schicht und Unterzieh-Handschuhe.

Als Drittes war die Funktionsfähigkeit der Digitalkamera und meines elektrischen Rollstuhl-Zuggerätes sicher zu stellen. Akkus verlieren nämlich bei zunehmender Kälte dramatisch an Leistung. Für den Fotoapparat bestellte ich deshalb zwei Ersatzakkus. Später beherzigte ich den wichtigen Hinweis, diese unter der Kleidung eng am Körper zu tragen, damit sie nicht auskühlen.

Blieb also nur noch mein Swiss-Trac. Dieses elektrische Rollstuhlzuggerät, von mir „Mein Pony" genannt, kann ich problemlos an den Rollstuhl ankoppeln. Das hilft mir, meine Kräfte zu schonen. Längere Strecken, unebene Wege, Rampen, ja selbst starke Steigungen in den Bergen bewältige ich dadurch fast mühelos. So ist er für Erledigungen im Wohnumfeld und im Urlaub unentbehrlich geworden. Dank unserer Krankenkasse hat auch Petra ein solches „Pony". So sind wir trotz unseres Handicaps unglaublich mobil. Wir unternahmen damit schon viele ausgedehnte Spaziergänge durch Wald und Feld. Selbst in den Schweizer Alpen sind wir mit Bekannten schon gewandert.

Da der Swiss-Trac, ebenso wie unsere Rollstühle, für uns unabdingbare Hilfsmittel sind, lassen wir diese vor jeder großen Reise im Sanitätshaus gründlich durchsehen. Auch gilt es zu überlegen, welche Ersatzteile mitgenommen werden müssen. Unsere Erfahrungen haben gezeigt, dass die Beschaffung im Ausland oft schwierig war. Andererseits haben wir immer Hilfe gefunden.

Dabei erinnere ich mich an ein Erlebnis während einer Frankreich-Reise. Am Eingangsbereich unseres Hotels wurde gebaut, wodurch eine hohe Stufe entstanden war. Ein Passant kam Petra schnell zu Hilfe und drückte den Rollstuhl kraftvoll über diese stufige Unebenheit. Durch die extreme Belastung brach die Schraube der Kreuzstrebe, d.h., der Rollstuhl hatte keinen Halt mehr und klappte zusammen. Es war Sonntag, die Geschäfte geschlossen, und wir sprachen kaum ein Wort französisch. An der Rezeption versuchten wir, mit Händen und Füßen unser Problem zu erläutern. Ein Hotelgast, vermutlich ein Fernfahrer, nahm die Schraube und verschwand. Als er nach zehn Minuten noch nicht zurück war, wurde uns immer mulmiger. Nun hatten wir auch noch das defekte Teil aus der Hand gegeben. Gedanklich malten wir uns die schlimmsten Szenen aus. Doch nach einer halben Stunde kam er mit einer ähnlichen Schraube zurück. Erleichtert und glücklich strahlten wir ihn an. Als wir sie eingebaut hatten, lächelte er und gab uns eine weitere als Ersatz. C'est la vie - So ist das Leben.

Endlich war es so weit. Die Abreise war an einem Freitag - Ende Januar - gegen 18.00 Uhr geplant. Petra fuhr mich mit dem Auto zum Reisebüro nach Berlin-Hohenschönhausen. Die meisten Reisegäste trafen sich dort, der Rest stieg später am Zentralen Omnibusbahnhof zu.

Glücklich dem Berliner Berufsverkehr entronnen fuhren wir auf der Autobahn die ca. 250 km nach Rostock. Ich saß vorn, direkt hinter dem Fahrer. Der Platz neben mir war leer. Ich fühlte mich etwas einsam und auch ein wenig traurig. Sonst sitzt Petra immer neben mir, wenn ich verreise. Ich schaute mich um und ließ meinen Blick über die Gesichter der Mitreisenden gleiten. Mit wem werde ich wohl die Woche verbringen?

Der Busfahrer, Herr Müller, der Chef der Reiseagentur, sah trotz des späten Abends putzmunter und gutgelaunt aus. Frau Habermann, rechte Hand und für den Service zuständig, blätterte geschäftig in Papieren. Neben mir in der anderen Sitzreihe saß ein Pärchen, das ich schon von der Busreise nach Rom her kannte, beides Rollstuhlfahrer. Da fühlte ich mich schon nicht mehr so fremd und allein. Sie hatten diesmal ihren fast erwachsenen Sohn dabei. Verstohlen musterte ich die weiteren Mitreisenden. Genau hinter mir saß eine alleinreisende Frau ungefähr in meinem Alter. Später erfuhr ich, dass sie eine behinderte Tochter hat. Rechts dahinter hatte sich ein Ehepaar platziert und redete leise miteinander. Sie erzählten, dass sie jedes Jahr eine Tour mit einer der auf Behindertenreisen spezialisierten Reiseagenturen unternehmen.

Ich war mächtig aufgeregt und die Luft knisterte förmlich vor Anspannung. Natürlich stand der Reiseablauf inhaltlich grundsätzlich fest. Aber was erwartete uns wirklich in den nächsten Tagen? Selbst für den Veranstalter war diese Tour eine Premiere.

Noch während jeder in Gedanken versunken war, umspielte ein köstlicher Duft unsere Nasen. Da die Aufregung langsam ein wenig von mir abgefallen war, spürte ich plötzlich meinen Hunger. Warme Wiener mit Kartoffelsalat wurden als Abendessen serviert.

Auf der Autobahn herrschte nur mäßiger Verkehr, so dass wir bereits kurz vor 23 Uhr den Überseehafen Rostock erreichten. Das Lademaul einladend weit geöffnet wartete unsere Fähre schon am gegenüberliegenden Terminal. Es war noch zu früh, um an Bord zu gehen. Der Check-in würde erst um 23:45 Uhr beginnen.

Überrascht blickte ich auf. Im hinteren Teil des Busses bemerkte ich ein Gewusel. Es wurden Winterjacken verteilt. Ach ja, die waren im Reisepreis inbegriffen. Es wurde probiert und getauscht, bis endlich jeder eine passende Jacke gefunden hatte und alle zufrieden waren. Ein heimlicher Blick auf die Schilder verriet, dass es sich um hochwertige Produkte handelte, für extreme Kälte ausgelegt. „Gruppenlook" ist nicht jedermanns Sache. Interessant zu beobachten war, dass nach und nach alle die Jacken trugen, denn sie schützten hervorragend gegen die arktische Kälte.

Seitliches Terminal der Fähre

Am Fährhafen ging es gemütlich zu. Hektik und Drängelei waren nicht notwendig. Es würden noch viele Stunden vergehen, bis die Fähre morgens um 5:00 Uhr ablegen würde. Um diese Jahreszeit waren nur wenige Urlauber unterwegs. Hauptsächlich sah ich Fernfahrer, die ihre Frachten in entlegene Gegenden transportieren wollten.

Die Zeit schlich dahin. Zu sehen war nicht viel. Plötzlich winkte ein Mann mit orangefarbener Warnweste unseren Bus aus der Warteschlange heraus. Wir durften eher einchecken, denn die Reiseagentur hatte eine Sonderabsprache mit der Reederei getroffen. Unser Bus fuhr an ein seitliches Terminal. Ein Außenlift führte von hier direkt zu unserem Passagierdeck. Als sich die Fahrstuhltür öffnete, erblickte ich einen endlos langen Gang. Links und rechts reihte sich Kabine an Kabine, insgesamt 179 über mehrere Decks verteilt.

Meine war eine sogenannte A-Class, d.h. eine etwa 10 qm messende Außenkabine mit einem Bullauge als Fenster. Werden die Hochbetten aufge- klappt, können hier bis zu 4 Personen schlafen. Als ich mir das vorstell- te, dachte ich, Ölsardi- nen haben auch nicht viel mehr Platz in ihrer Büchse. Einige Kabi- nen sind für Rollstuhl- fahrer ausgelegt. Ein- mal stand die Tür zu einer solchen Kabine

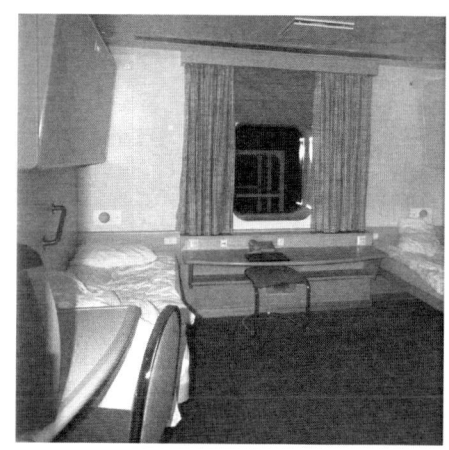

Rollstuhlfahrer-Kabine

offen. Beim Vorbeifahren sah ich, dass sie fast doppelt so groß war, wie meine, analog den so genannten DeLuxe-Kabinen.

Nachdem ich meine Sachen verstaut hatte, beschloss ich, das Schiff zu erkunden. Der Fährhafen lag außerhalb von Rostock. Bis auf das erleuchtete Hafengebiet war es stockdunkel. Auch von der obersten Deckterrasse aus konnte ich die Lichter der Stadt nicht ausmachen. Auf dem Kai unten entdeckte ich unseren Bus in einer langen, mehrspurigen LKW-Schlange. Es wird noch eine Weile dauern, bis die alle im Bauch des Schiffes einsortiert sind, dachte ich so bei mir und verspürte plötzlich eine große Müdigkeit. Doch das Bett war bretthart. Gedanken schwirrten in meinem Kopf herum und ich bekam lange kein Auge zu. Irgendwann bin ich eingeschlafen und bemerkte nicht, wie die Fähre am frühen Morgen in See stach.

Als ich erwachte, fühlte ich mich erstaunlich gut ausgeschlafen und voller Tatendrang. Ich begutachtete die eingebaute Duschkabine. Der hohe Eintritt machte es mir schwer, hineinzugelangen. Eine Sitzgelegenheit gab es nicht. Also nahm ich den einzigen Stuhl der Kabine, deckte das Stoffpolster mit einer Plastiktüte notdürftig ab und duschte. Erfrischt und hungrig rollte ich zum Bordrestaurant. Ein Schild am Eingang wies darauf hin, dass das morgendliche Buffet bis 10:30 Uhr geöffnet hatte. Ich entdeckte, dass ich nicht der einzige Langschläfer in unserer Reisegruppe war. So ließen wir uns gemeinsam ein ausgiebiges Frühstück munden.

Nach dem Essen verstreute sich die Gruppe. Den ganzen Tag und die nächste Nacht würden wir auf dem Schiff verbringen. Viel Zeit zum Relaxen, keine Termine, keine Verpflichtungen. Ich freute mich auf mein dickes, spannendes Buch. Die meiste Zeit verbrachte ich in der großen, gemütlichen Lounge im Bug der Fähre. Gelegentlich plauderte ich mit einem Mitreisenden oder holte mir von der rund um die Uhr geöffneten Bar einen Kaffee und später auch ein Glas Bier.

Durch das riesige Panorama-Fenster an der Bugseite der Lounge blickte ich immer wieder auf das Meer und beobachtete vorbeiziehende Schiffe. Die Bordshops boten die üblichen Parfüme und Zeitschriften an, aber auch Snacks und Getränke waren erhältlich.

Auf Deck 7 befanden sich zu beiden Seiten der Fähre Aussichtsterrassen, die zu kleinen Spaziergängen einluden. Den besten Rundblick hatte ich aber oben auf Deck 10. Ungeschützt pfiff mir hier allerdings auch ein stürmischer Wind um die

Ohren. Es war erst 15:30 Uhr, als die Sonne prachtvoll unterzugehen begann und mir idyllische Fotos gelangen.

Unsere Fähre, die im Jahr 2001 in Deutschland gebaute „Superfast VII", machte ihrem Namen alle Ehre. Bei einer Länge von 203 m und einer Breite von 25 m kann sie bis zu 626 Passagiere und nahezu 100 Fahrzeuge aufnehmen. Dabei erreicht sie eine Höchstgeschwindigkeit von 30 Knoten, das sind 30 Seemeilen/h oder umgerechnet 55km/h. Für die Strecke Berlin-Helsinki, das sind 500 Seemeilen, also fast 1000 km, benötigte sie kaum mehr als einen Tag, nämlich 26 Stunden.

Am nächsten Morgen musste alles zügig gehen. Die Fähre hatte pünktlich kurz vor 7:00 Uhr im Hafen von Finnlands Hauptstadt Helsinki angelegt. Kaum waren wir in den Bus eingestiegen, ging es die Laderampe steil hinunter von Bord. Ein herrlicher Wintermorgen erwartete uns. Das Wasser des Hafens war dick vereist, das Gelände tief verschneit. Das Außen-Thermometer zeigte 9 Grad minus Celsius. Der Busfahrer war früh aufgestanden und hatte den Bus vorgeheizt, so dass es im Inneren behaglich warm war.

Zügig ging es nordwärts quer durch Finnland. Unser Ziel, Svanstein, lag ca. 850 km entfernt. Wie bei Busreisen vorgeschrieben, legten wir regelmäßig alle 1,5 bis 2 Stunden Pause ein. Meist an Tank- und Raststätten, denn hier befindet sich auch eine Behindertentoilette.

An einem solchen Halteplatz beobachtete ich interessiert eine Gruppe junger Männer mit ihren Motorschlitten. Diese sogenannten Snowmobile sind hier sehr beliebt, ideal auf den schneebedeckten Nebenstraßen.

In den entlegenen Gegenden siedeln sich praktischerweise kleine Geschäfte in unmittelbarer Nähe zu den Rastplätzen an. Bei einem Halt entdeckte ich einen Laden, der an einen An- und Verkauf erinnerte. Im Laden roch es jedoch nach frischgebackenem Kuchen wie in einer Bäckerei. Nahe der Eingangstür stand ein

An- und Verkauf

kleiner Tisch, darauf eine Thermoskanne und in Tüten verpacktes Gebäck. Ich versuchte mich mit der Verkäuferin zuerst auf Deutsch und dann auf Englisch, zu verständigen. Die ältere Frau

lächelte und antwortete auf Finnisch. Ich verstand kein Wort. Die Worte ähnelten keinem der mir geläufigen Sprachmuster. Die Vokabeln strotzen vor Vokalen, so dass sie kaum aussprechbar sind. Ich gab nicht auf. Mit den Händen gestikulierend machte ich mich verständlich und erfuhr, dass es sich in den Tüten um selbstgebackene Pullas handelte.

Ich erinnerte mich, dass die Reiseleitung uns empfohlen hatte, dieses traditionelle finnische Hefegebäck mit Kardamom unbedingt zu kosten. Ich konnte nicht widerstehen und kaufte eine große Tüte. Im Bus bestellte ich mir einen Cappuccino und verteilte die Pullas unter den Mitreisenden – hm, waren die köstlich.

Es war schon nach 22 Uhr, als wir endlich das Ortsschild Svanstein erblickten und kurz darauf die Lodge erreichten. Der Bus hielt direkt vor dem Rezeptionsgebäude. Voller Freude hörte ich den Busfahrer sagen, dass sich hier auch der Speisesaal befand. Auf einem weißgedeckten Tisch stand ein riesiger, fassähnlicher Topf, aus dem es verführerisch roch. Wir stürzten uns förmlich auf die köstliche Suppe mit Lachs aus dem nahe gelegenen Torneofluss. Verschiedene frische Brotsorten wurden dazu gereicht, der starke Kardamomgeschmack war ungewohnt, aber lecker. Nachdem wir den gröbsten Hunger gestillt hatten und alle mit

Wasser, Bier oder Wein versorgt waren, erfuhren wir, dass im Hotelgebäude die Heizung ausgefallen war. Glücklicherweise verfügte die Lodge über eine große Anzahl von Holzhütten, die nicht alle belegt waren. Ich fand diese Unterbringung viel idyllischer, zumal ich eine der rustikalen Hütten sogar für mich allein hatte. Die Einrichtung

Idyllische Holzhütte - Lodge Svanstein

war einfach und solide, und vor allem war es mollig warm. Der Flur war sehr geräumig. Problemlos fuhr ich mit dem Gespann aus Rollstuhl und Zuggerät hinein. Für den Swiss-Trac fand ich neben dem Flurschrank einen passenden Abstellplatz. Eine Steckdose zum Laden der Batterie war dort auch vorhanden. Das Bad war behindertengerecht mit diversen Haltegriffen und einem Duschsitz ausgestattet. In der Ecke stand ein großer Tank für die elektrische Heißwasseraufbereitung. Den schaltete ich erst einmal an. Nach dem langen Tag wollte ich nur noch duschen und ins Bett.

Als ich am Morgen des nächsten Tages erwachte, wurde es langsam hell. Ich sah aus dem Fenster. Alles war so ruhig und still. Sollte ich mich noch ein Stündchen ins warme Bett kuscheln? Nein, ich beschloss, aufzustehen und die Lodge bei einem Morgenspaziergang zu erkunden.

In der Nacht hatte es erneut geschneit. Die schneebedeckten Dächer glitzerten in der Morgensonne. Leise surrend zog der Swiss-Trac meinen Rollstuhl über den 3 bis 4 cm hohen Neuschnee die kleinen Straßen der Anlage entlang bis zum Waldrand. Hier stieß ich auf ein Gatter. Ein Rentier scharrte mit den Hufen im Schnee, um Essbares darunter zu finden. Es war ein so friedlicher Anblick, wie geschaffen zum längeren Verweilen und Genießen. Aber es war kalt und mich fröstelte, außerdem verspürte ich im selben Moment, dass auch ich hungrig war. Zeit für den Rückweg.

Noch während wir gemütlich frühstückten, stellte uns die Reiseleitung unseren Guide, den Reiseführer, für die nächsten 2 Tage vor. „Zieht Euch bitte wirklich warm an!" sagte er. „Trotz strahlendem Sonnenschein liegt die Temperatur unter 20 Grad minus Celsius. Für heute ist eine Safari mit Motorschlitten durch Wald und Feld zu einem See geplant, dort wollen wir eisangeln. Im Nebenraum haben wir Thermoanzüge und -stiefel in jeder denkbaren Größe bereitgestellt."

Oh, oh. Ich war gespannt und dachte daran, wie schwierig es für mich bei gelegentlichen Tauchgängen immer war, für meine Statur, breite Schultern und schmale Beine, einen passenden Anzug zu finden. Doch erstaunlich schnell hatte ich den richtigen gefunden. Die Hosenbeine waren zwar zu lang, aber die krempelte ich einfach hoch. Die Auswahl der Stiefel gestaltete sich wesentlich komplizierter. Am linken Bein trage ich eine Orthese, einen Stützapparat, ohne den ich weder stehen noch laufen kann. Bei meiner eigentlichen Schuhgröße kam ich damit nicht durch den Stiefelschaft und wo ich durchpasste, schlackerten die „Quadratlatschen" an meinen Füßen. So ging das nicht. Kälteschutz war mir wichtiger, laufen im Schnee sowieso kaum möglich. Kurzentschlossen zog ich die Orthese aus. Die Stiefel saßen nun wie angegossen. Jedoch hatte ich das Gefühl, dass sie Tonnen wogen. Nur mit Mühe gelang es mir, meine Beine anzuheben. Doch im Rollstuhl sitzend störte es nicht.

Gegen 10 Uhr waren wir bereit für die Einweisung. Motorschlitten, auch als Schneemobile bezeichnet, sind spezielle Motorräder. Das Vorderrad ist durch 2 breitliegende Kufen ersetzt, die auch zur Lenkung dienen. Die Motorkraft wird hinten über eine mittig angeordnete Antriebsraupe aus Gummi übertragen. Ein Motorradhelm ist Pflicht. In der Gruppe fährt man in einem sicheren Abstand hintereinander. Die kräftigen 400 PS-Motoren sind unheimlich laut. Deshalb lernten wir zuerst die Handzeichen, mit denen wir uns während der Fahrt verständigten. Jede Anweisung wurde durch einen hoch angewinkelten Arm eingeleitet, was „Achtung" hieß. Das Auf- und Abwedeln von Unterarm und Hand bedeutete z.B. „langsam fahren".

Mein Motorschlitten

Aus der Nähe betrachtet ist so ein Motorschlitten beeindruckend groß. Sie sind standsicher und haben ein Automatikgetriebe. Gas und Bremse sind per Hand bedienbar. Ein Motorrad kann ich leider nicht fahren. Ein wenig unsicher war ich schon, ob ich auf solch einem Schneemobil stabil genug sitzen kann? Ich rollte ein wenig aufgeregt zu meinem Fahrzeug. Doch es war ein unbeschreibliches Gefühl auf dieser schweren und kraftvollen Maschine zu sitzen. Die

Rollstuhl-Transportschlitten

Sitzbank war breit und die Füße wurden in die Windschutzverkleidung gestellt, wodurch ich ungeahnte Sitzstabilität erlangte.

Motorschlitten sind in Skandinavien für den Straßenverkehr

zugelassen. Zum Führen reicht ein PKW-Führerschein. Aber nicht jeder der Mitreisenden besaß einen oder traute sich zu, solch ein Fahrzeug sicher zu beherrschen. Doch der Guide hatte vorgesorgt. Sein Schneemobil zog einen mit Sitzbänken und dicken Decken ausgestatteten Schlitten. Auf einem anderen wurden unsere Rollstühle festgezurrt, denn die benötigten wir erst später auf dem See.

Los ging die Fahrt! Erst zögerlich, dann langsam schneller werdend, verließen wir die Lodge. Wir unterquerten die Landstraße durch eine mächtige Betonröhre. Den Ort seitlich liegen lassend schlängelten wir uns in einer langgezogenen Reihe über die teils holprigen, mit hohem Schnee bedeckten Wege des angrenzenden Waldes.

Plötzlich hob einer nach dem anderen der vor mir Fahrenden den Arm. Achtung! Wir hielten an einer Böschung. Ich erkannte nicht gleich, was los war. Ah, wir mussten eine Landstraße überqueren. Der Guide sicherte unsere Überfahrt. Oben angekommen erblickte ich direkt hinter der Straße eine unendlich weite, weiße, in der Sonne gleißende Fläche, die links und rechts von bewaldeten Hügeln gesäumt war. Wir fuhren die steile Böschung hinunter auf den Lompoloperä genannten See und machten eine kurze Rast. Durch die Kälte hatte sich bei Einigen die Atemluft als Eis innen auf dem Motorradhelm niedergeschlagen. Wir lernten, die heiße Abluft der Motoren, die aus den Seitenschlitzen strömte, zu nutzen, um klare Sicht zu erhalten.

Auf dem See gab es keinen Gegenverkehr. Wir hatten freie Bahn. Mit deutlich höherer Geschwindigkeit umrundeten wir in einem weiten Bogen eine Halbinsel. Bald darauf erreichten wir unser eigentliches Ziel, das Ufer des Kuittasjärvi-Sees.

Ich kletterte vom Motorschlitten in meinen bereitgestellten Rollstuhl. Eine dünne, verharschte Schneedecke bedeckte das Eis des zugefrorenen Sees, so dass ich mich, wenn auch nur mühsam, allein fortbewegen konnte.

Bei der Abfahrt hatte sich uns ein weiterer Guide angeschlossen. Dieser erläuterte, wie Eisangeln funktioniert. Er nahm einen mannshohen Bohrer und stieß die Spitze wuchtig ins Eis. Kraftvoll kurbelte er am oberen Ende und trieb ihn in nur wenigen Sekunden durch die dicke Eisdecke. Mit einem Ruck zog er den Eis und Schnee sprühenden Bohrer heraus. Vor uns lag ein 80 cm tiefes, kreisrundes Loch von etwa 10 cm Durchmesser.

Es dauerte nicht lange und genügend Löcher waren gebohrt. Erwartungsvoll rollte ich zu einem freien Eisloch. Wir erfuhren, dass nicht Material und Ausrüstung beim Eisangeln entscheidend sind, sondern wie und wo der Köder angeboten wird. Ich nahm meine Eisangelrute und versuchte mit den Handschuhen, einen Wurm auf den Haken zu fädeln. Nach einigen Fehlversuchen zog ich einen Handschuh aus und es gelang. Langsam ließ ich den Wurm im Wasser versinken, bis er den Grund berührte.

Eisangeln

Ich stippte mit der Angel und zupfte an der Schnur, wie es der Guide vorgemacht hatte. Nach wenigen Minuten begann die Wasseroberfläche zu gefrieren. Wiederholt kratzte ich sie mit einer Art Löffel frei. Auch die Angelschnur wurde mit der Zeit immer dicker und steifer. Das Wasser gefror daran. Deshalb holte ich sie gelegentlich ein und knickte sie zwischen den Fingern, bis die Eisschicht barst und abfiel. Die Zeit verging. Ich stippte mit der Angel mal langsam, mal schneller und zupfte wechselnd leichter oder stärker an der Schnur. Hin und wieder befestigte ich einen neuen Wurm am Haken. Doch kein Fisch verirrte sich an meine Angel. Machte ich was falsch? Ich beobachtete, mit welcher Technik die anderen angelten. Sah aber, dass auch sie kein Glück hatten.

Showangeln für Touristen dachte ich belustigt! Wo sollen denn bei knapp 20 cm Wasser unter dem Eis Fische herkommen? Der See war hier in Ufernähe nur etwa 1m tief. Doch der Guide ließ nicht locker. Er ging reihum und zeigte jedem geduldig die Technik. Dabei erfuhr ich, dass er schon an vielen Wettkämpfen im Eisangeln teilgenommen und etliche Trophäen nach Hause gebracht hatte.

Plötzlich und unerwartet am Nebenloch ein Aufschrei: „Ich hab einen, einen Fisch!" An der Schnur hing ein kleiner Barsch. Zwei Minuten später ertönte ein freudiges Lachen: „Wieder einer!" Nun packte alle das Jagdfieber. Es gab also doch Fische hier. Neuer Elan beflügelte uns. Hatte sich meine Schnur gerade im Eiswasser bewegt oder täuschte ich mich? Aufgeregt riss ich an der Angel und holte die Sehne ein. Und da zappelte er: mein erster Fisch. Insgesamt zogen wir 13 Fische aus dem eisigen Wasser – ein stattliches Ergebnis.

Auf der Eisfläche war die Temperatur durch den frostigen Winterwind noch einmal gefühlte 10 Grad kälter, denn über die ebene Fläche des Sees konnte der Wind ungehindert zu uns Anglern vordringen und unsere Körper schneller auskühlen. Der Guide hatte in der Zwischenzeit direkt auf dem Eis ein Holzfeuer entfacht. Seine Frau hatte am Vorabend einen großen Topf Suppe für uns gekocht und belegte Brote gemacht. Tee und Kaffee brodelten vor sich hin. Wir wärmten dankbar die kalten Finger an heißen Bechern und drängten uns um das Feuer.

Wir bemerkten, dass die Guides aus Holztassen tranken. Sie zeigten uns stolz ihre in Handarbeit aus knotigem Birkenholz hergestellten „Kuksas". Jede durch die einzigartige Maserung ein Unikat. Beliebt sind sie wegen der hervorragenden Isoliereigenschaften. Man verbrennt sich nicht die Finger an heißen Getränken und friert bei kalten nicht so leicht mit den Lippen daran fest. Auf Reisen bin ich mit Petra immer auf der Suche nach eher praktischen Erinnerungsstücken. Benutzt man diese zu Hause, denkt man unwillkürlich an die Reise zurück. Ich habe mir später eine solche Tasse mit bildschöner Maserung gekauft und trinke gern meinen Tee daraus.

Hier draußen auf dem See war unsere Gruppe allein. So durfte jeder, der wollte, natürlich in Begleitung, eine Proberunde mit dem Motorschlitten wagen. Es war bewegend zu sehen, wie für einige Mitreisende so doch noch ein heimlicher Traum in Erfüllung ging.

Auch für mich eine günstige Gelegenheit mit hohem Tempo zu fahren. Bis auf 100 km/h können die Schneemobile beschleunigen. Je schneller ich fuhr, desto stärker spürte ich die kleinen Unebenheiten der Eisfläche. Die beiden vorderen Skier rüttelten zunehmend, und der Lenker begann erst leicht und dann stärker zu schlagen. Ich musste kräftig gegendrücken, um den Motorschlitten in der Spur zu halten. Trotzdem erzeugte das Fahren mit zunehmend hoher Geschwindigkeit ein fast berauschendes Gefühl. Wow, einfach toll!

Anfang Februar wird es hier im Norden früh dunkel. Die Kälte kroch zunehmend am Körper hoch. Eine Behindertentoilette gab es in der Wildnis natürlich nicht, so dass es für Einige langsam drängte. So rüsteten wir glücklich und zufrieden zur Rückfahrt.

In der Lodge angekommen, hatte ich Verlangen nach einer heißen Dusche. Gerade wollte ich mich ausziehen, als mein Blick aus dem Fenster fiel. Dabei entdeckte ich den in rötliches Licht getauchten Himmel. Das würde sicher ein spektakulärer Sonnenuntergang werden. Trotz der kalten Füße musste das Duschen warten. Ich hatte beschlossen, noch einen Foto-Spaziergang zu unternehmen.

Die Lodge liegt außerhalb des Ortes Svanstein. Die Wege waren gut geräumt. Tapfer zog mich mein Swiss-Trac durch den lockeren Schnee, der den Weg entlang dem Torneo-Fluss bedeckte. Erstaunlich, dass dieser bei der Kälte nicht zugefroren war. Am Himmel über den Häusern verabschiedete sich flammend der Tag. Dunkelheit begann langsam, den Ort zu überziehen.

Ich hatte gehört, dass es im Ort eine hübsche Kirche gibt, die am Abend angestrahlt wird. Und wirklich erblickte ich sie auf einer kleinen Anhöhe, rosa und idyllisch illuminiert. Auf dem Rück-

Wie in Hollywood

weg streifte mein Blick über die umliegende Landschaft und ich erspähte die örtliche Attraktion. Wie in Hollywood leuchteten am Berg Buchstaben und strahlten das Wort „SVANSTEIN" weithin sichtbar in die lange, dunkle Nacht.

Inzwischen fror ich trotz Thermokleidung sehr und rollte eiligst zurück. Glücklicherweise hatte ich mich mit dem Reiseleiter im Wellness-Bereich der Lodge verabredet, um in die Sauna zu gehen.

Wohlig durchgewärmt ging ich zum Abendessen. Zum Salat gab es unsere fangfrischen, kross gebratenen Fische. Als Hauptgericht wurde Rentiergeschnetzeltes mit Preiselbeeren serviert. Auch in Skandinavien gilt dieses Gericht als Delikatesse. Dazu ein kühles Bier – was wollte ich mehr!?

In der Hoffnung auf einen schönen Sonnenaufgang nahm ich mir vor, früh aufzustehen. Als der Wecker klingelte, schaute ich erwartungsvoll aus dem Fenster. Es war noch halbdunkel. Erste zarte Schimmer der aufgehenden Sonne zeigten sich bereits am Himmel. Unverzüglich sprang ich aus dem Bett unter die Dusche und zog die geliehene Thermokleidung an. Die sollten wir sowieso für die heutigen Ausflüge anziehen. Ich spannte den über Nacht geladenen Swiss-Trac vor meinen Rollstuhl und verließ die Hütte. Mit eingeschaltetem Licht umrundete ich die Lodge und fuhr ein Stück die Landstraße entlang. Nur wenige Autos waren zu so früher Stunde unterwegs. Das Gelände stieg langsam an. Bald hatte ich einen phantastischen Ausblick. Links lag die ausgedehnte Lodge, rechts ein offenes, schneebedecktes Feld mit nur vereinzelten Gruppen von Sträuchern, durch die sich der Torneo-Fluss schlängelte. In der Ferne war der Wald nur als bleiches, graublaues Band zu erkennen.

Der Morgen begann so farbenprächtig, wie der gestrige Abend geendet hatte. Die Sonne, immer noch hinter dem Horizont, beleuchtete schon die Wolkenränder. Nicht das erwartete Orange oder Rot ergoss sich über die blauviolettschimmernde Landschaft, sondern Pink. Der Anblick war atemberaubend.

Auf dem Platz vor dem Rezeptionsgebäude entdeckte ich einige merkwürdige Gebilde, Holzstühle auf Skier befestigt. An den Rückenlehnen befanden sich jeweils am oberen Ende zu beiden Seiten ausladende Handgriffe. Wie ich später erfuhr, werden sie Sledge, zu deutsch Schlitten, genannt. Zwei Mitreisende waren an einem kleinen Berg schon am Austesten. Mit einem Bein standen Sie auf dem Gefährt, und mit dem anderen stießen sie sich vom Boden ab. Ähnlich wie Kinder Roller fahren. Unterwegs sah ich, dass solche Sledges von älteren Menschen wie Rollatoren verwendet werden.

Die Sonnenstrahlen wärmten mich trotz der eisigen Temperaturen schon ein klein wenig, als uns gegen 10 Uhr unser Reisebus zur Abfahrt erwartete. Das heutige Programm: eine Rentierschlittenfahrt und der Besuch einer Huskyfarm.

Wir überquerten zunächst die Grenzbrücke über den Torneo von Schweden nach Finnland. Da beide Länder EU-Mitgliedsstaaten sind, gibt es keine Grenzformalitäten mehr. Nur die verlassenen, halbverfallenen Zollhäuschen erinnerten an andere Zeiten.

Zwei Stunden würden wir mit dem Bus unterwegs sein. Vorbei zogen endlose Wälder, die Äste der Bäume, wie mit Puderzucker, von pulvrig kristallinem Schnee bestreut. Ab und zu wiesen riesige, gelbe Schilder darauf hin, dass dies Rentierzuchtgebiet ist. Sie mahnten gleichzeitig zur Vorsicht, da Rentiere, wie wir auch aus dem Bus beobachteten, unerwartet die Straßen queren können.

Wir wurden bereits erwartet, als wir das Anwesen der Rentierfarm erreichten. Herzlich begrüßten uns die Besitzer in traditioneller Kleidung. In Norwegen und Schweden ist die Rentierzucht ein Privileg der Samen, während sie in Finnland hauptsächlich von Finnen ausgeübt wird. Unsere Gastgeber führten uns vorbei an vielen Rentier-Gehegen zu einem speziellen Gatter. Hier standen mehrere Schlitten bereit. Ein Ren jeweils davor eingespannt. Neugierig bestaunten uns die Tiere. Im Gegensatz zum Hirsch tragen bei den Renen übrigens beide Geschlechter Geweihe, um auch unter dem Schnee nach Nahrung suchen zu können.

Die Finnen forderten uns auf, in die bereitstehenden Schlittengespanne einzusteigen. Pro Schlitten sollten sich jeweils 2 Personen nebeneinandersetzen. Wir schlüpften gern unter die auf den Sitzen bereitliegenden warmen Decken, denn es war bitterkalt.

Der Ältere der beiden Männer unterwies uns eher mit Gesten als mit Worten, wie das Ren mit den Zügeln gelenkt wird. Ah ja, genauso wie bei einem Pferdegespann. Als es losging, führte jeder der beiden Finnen ein Ren am Zaumzeug. Die anderen Tiere waren jeweils an den Schlitten davor angeleint, so dass sich die Gespannführung zunächst auf das Halten der Zügel beschränkte.

Vorbei ging es an unzähligen Eurasischen Tundrarenen in ihren ausgedehnten Gattern. Die Tiere sind halbwild. Vom Frühjahr bis zum Herbst wandern sie in Herden frei durch die weiten Wälder der Umgebung. Zu festgelegten Zeiten werden sie mit Motorschlitten, bisweilen auch mit Helikoptern, zusammengetrieben, um die Kälber zu markieren und ausgewählte Tiere zu schlachten. Den harten Winter verbringen die meisten in solchen geräumigen Gehegen.

Plötzlich stoppte die Karawane. Wir hatten das Ende der Farm erreicht, ein Tor wurde weit geöffnet. Unsere Führer begannen, die Zugtiere von den vorderen Schlitten loszubinden. Ich steuerte von nun an selbständig unser Gefährt hinaus in die Wildnis. Um dieses Gefühl intensiver auszukosten, ließ ich unseren Schlitten ein großes Stück zurückfallen. Gemächlich fuhren wir durch den Winterwald. Hier und da sah ich Spuren im Schnee, viele Hasenspuren, aber auch andere, die ich nicht identifizieren konnte. Kein anderer Ton war zu hören. Nur das leise Ächzen unseres Schlittens und das Stapfen des Rens. Ab und zu blieb es einen winzigen Moment stehen, um etwas Schnee ins Maul zu nehmen. Vermutlich ist das ihre Art zu trinken!? So zuckelten wir eine ganze Weile gemächlich dahin. Das Gespann vor uns war kaum noch zu sehen. Plötzlich zog unser Zugtier kräftig an und hatte es eilig. Die heimische Farm war nicht mehr weit.

Rentiere - erstaunlich gelassen

Da wir uns wacker geschlagen hatten, erhielt jeder einen speziellen Führerschein. Ich war für 5 Jahre berechtigt, die Wildnis Lapplands mit dem Rentierschlitten zu befahren.

Nach dem Aussteigen blieb ich noch einen Moment im Gatter. Die Zugtiere wurden ausgespannt und machten es sich neben den Schlitten bequem.

Als ich mit meinem Rollstuhl zwischen ihnen umherrollte, um die Augenblicke mit meinem Fotoapparat einzufangen, bemerkte ich, dass Rentiere erstaunlich gelassene Tiere sind und, wenn an den Menschen gewöhnt, überhaupt nicht scheu.

„Mittagessen!" Wir wurden zur Kotta gerufen. Ursprünglich war und ist dies eine transportable Behausung der in Lappland lebenden Nomaden, der Samen. Später entwickelten sich bei den Sesshaften aus Holz nachempfundene Kottas, die auch für Festlichkeiten groß genug sind.

Nach dem Eintritt, unmittelbar hinter der Türschwelle, verharrte ich erst einmal. Meine Augen mussten sich zunächst an das Halbdunkel gewöhnen. In der Mitte des großen, runden und fensterlosen Raumes loderte ein offenes Feuer, die stärkste Lichtquelle. Die mit rauen Feldsteinen ummauerte Feuerstelle war von einem schweren Eisengitter bedeckt. Trotz des riesigen Abzuges darüber roch es rauchig, die Luft war stickig. Entlang der Wand standen Tische, auf denen Kerzen flackerten und gedämpftes, unruhiges Licht verbreiteten. Ich suchte mir einen freien Platz.

Am Feuer hantierten emsig unsere beiden Gastgeber. Ihre Frauen übernahmen die Bedienung. Zunächst wurde als Willkommensgruß ein Bier genanntes Gärgetränk ohne Alkohol ausgeschenkt, welches lecker schmeckte. Anschließend gab es eine kräftige, heiße Suppe, natürlich mit Rentierfleisch. Die mundete mir so gut, dass ich auf einen Nachschlag nicht verzichten konnte. Fast hätte ich das Dessert, bestehend aus Eierkuchen mit Preiselbeersoße, nicht mehr geschafft.

Nach dem Essen war Zeit für ein Gespräch mit unseren Gastgebern. Wir wollten z.B. wissen, wie viele Rentiere es auf der Farm gäbe. Doch halt! Diese Frage sollte man nicht stellen. Das wäre so, als ob sie beim Besuch eines Bekannten fragen würden, wie hoch denn sein Kontostand ist. Schade, ich hätte die Anzahl trotzdem gern gewusst. Es gab aber viel Interessantes zu hören.

Wie erkennt man beispielsweise, ob ein Ren zur eigenen Herde gehört? Die Tiere werden gebrandmarkt, wie in Texas die Rinder. Er malte für uns sein Zeichen in den Schnee, ein Rentierohr mit den entsprechenden Merkmalen.

Nachdem unsere größte Neugier gestillt war, erhielten wir noch einmal die Gelegenheit, den Rentieren ganz nahe zu kommen, indem wir sie fütterten. Aus einem großen Sack verteilte einer der Finnen Rentierflechten, die Lieblingsspeise der Tiere. Dabei erfuhren wir, dass es durch die Klimaerwärmung schwieriger geworden ist, genug Flechten zu finden. Erst zögerlich, vermutlich wurde ihnen bisher noch nie Futter aus einem Rollstuhl heraus angeboten, dann aber doch von ihrer Lieblingsspeise angelockt, waren wir bald von den hungrigen Tieren umringt, die sich scheu und behutsam nach dem Futter reckten.

Auf dem Rückweg zum Bus entdeckte ich vor dem Wohnhaus eine lebensgroße Tierfigur. Über ein Holzgestell war ein Rentierfell gezogen. Um Hals und Geweih hingen ein Dutzend Leinen. Sie diente scheinbar zum Üben im Lassowerfen.

Langsam wurde es dunkel. Ein Blick auf meine Armbanduhr sagte mir, dass es erst kurz nach 14 Uhr war. Doch unser Abenteuertag war noch nicht zu Ende.

Nach etwa einer halben Stunde Busfahrt bogen wir auf den Parkplatz einer Husky-Farm ein. Zunächst versammelten wir uns auf dem Vorplatz einer größeren Holzhütte. Ein Mitarbeiter begrüßte uns mit den Worten: „Schaut euch erst einmal ein bisschen um."

Längs des Platzes waren einige Huskies an Pfählen angeleint. Die Hunde verhielten sich uns gegenüber genau so neugierig wie wir und beobachteten uns aufmerksam. Vorsichtig näherte ich mich einem der schwanzwedelnden Tiere. Erwartungsvoll schnupperte er an meiner Hand. Die anderen sprangen aufgeregt, laut kläffend und jaulend umher, um die Aufmerksamkeit auf sich zu lenken.

Drei Wege führten weiter in die Huskyfarm hinein, auf beiden Seiten jeweils von langen Zwingerreihen gesäumt. Jedes Tier hat seine eigene Hütte und einen enorm großen Auslauf. An einem der Zwinger kam keiner von uns vorbei:. Huskieswelpen. Die kleinen Pelzknäule drängten sich eng an das Gitter und konnten nicht genug Streicheleinheiten bekommen.

An dieser Stelle gesellte sich der Mitarbeiter wieder zu uns. Beim weiteren Rundgang erzählte er, dass Huskies mit ihren harten, zähen Pfoten und dichtem wasserfestem Fell einen unbändigen, ausdauernden Willen zum Laufen haben. Sie sind recht genügsam und verträglich mit anderen Hunden aber auch gegenüber Menschen, ideale Schlittenhunde also.

Um uns mehr über die Huskies und die Arbeit auf der Farm zu erzählen, wurden wir zu einem Tee in die Holzhütte eingeladen.

Auf dem Weg dorthin rollten wir an einem Huskyschlitten vorbei. Er hatte zwei schmale Kufen, die vorn weit hochgezogen waren, und hinten mit genug Platz, damit der Schlittenführer sicher auf ihnen stehen kann. Darauf eine filigrane und doch robuste Holzverstrebung, die mit Leder verkleidet war, um die Insassen oder Frachtgut gegen aufstiebenden Schnee und Fahrwind zu schützen. Die Reiseagentur war sich bei der Planung nicht sicher gewesen, ob eine Huskyschlittenfahrt für jeden gehandicapten Teilnehmer machbar sei, da die Hunde eine rasante Geschwindigkeit erreichen können. Während wir den Schlitten begutachteten, wurde klar, dass nicht nur ich, sondern auch die meisten der anderen Mitreisenden sich dieses Abenteuer auf keinen Fall entgehen lassen wollten. Wer weiß schon, ob sich eine so günstige Gelegenheit noch einmal ergibt. Der Reiseleiter versprach beim Betreten der Hütte, einen guten Gruppenpreis für uns auszuhandeln. Die zwei Stufen am Eingang mit dem Rollstuhl zu überwinden, war dank helfender Hände kein Problem.

Genüsslich heißen Tee schlürfend erfuhren wir Interessantes über die enormen Leistungen der Schlittenhunde. Ein Husky sollte mindestens 32 km/h über eine Distanz von 50 km durchhalten. Bei Entfernungen von 80 bis 100 km liegt die Durchschnittsgeschwindigkeit noch zwischen 25 und 27 km/h. Der „Iditarod" quer durch Alaska ist mit 1850 km das längste Hundeschlittenrennen der Welt. Ein guter Husky ist fähig, 240 km pro Tag, und das für 10 und mehr Tage, zu laufen. Im Sommer findet kein Training mit den Huskies statt, da sie schnell überhitzen können. Ab September beginnen sie, langsam zu trainieren. Erst mit räderbestückten Trainingswagen, und nachdem der erste Schnee gefallen ist, mit den Hundeschlitten.

Nach Rückfrage sah der Farmmitarbeiter kein Problem, mit denen eine Schlittenfahrt zu unternehmen, die sich umsetzen und an den Seitenverstrebungen festhalten konnten.

Husky-Schlittenfahrt

Beim Verlassen der Hütte spürten wir die Anspannung der Hunde. Sie ahnten offensichtlich, dass eine Tour bevorstand, und waren genauso aufgeregt wie wir. Von überall her kläffte und heulte es. Jeder einzelne Hund, der ausgewählt wurde, war vor Freude beim Einspannen kaum zu bändigen. Die Spannung stieg. Obwohl es erst 15:30 Uhr war, begann es rasch dunkel zu werden. Schnee fiel in dicken Flocken. Die Huskies, aber auch wir, konnten es kaum erwarten. Alles klar dahinten? Unruhig, aber doch aufmerksam, registrierten alle Hunde das Geschehen. Ich rutschte vom Rollstuhl in den Schlitten, in dem schon eine Mitreisende saß. Die Sitzfläche war fast am Boden. Decke drüberziehen. Endlich war alles bereit für die wilde Jagd. Der Schlittenführer gab den Hunden ein Zeichen und löste die Bremse, eine Metallkralle, die beim Anhalten mit dem Hacken ins Eis getreten wird. Die Riemen strafften sich. Die Hunde sprangen abrupt vorwärts und zogen kräftig an. Ein Ruck ging durch den Schlitten. Da ich die Kamera in beiden Händen hielt, brachte mich das kurzzeitig aus dem Gleichgewicht, glücklicherweise abgebremst von der Frau hinter mir. In einer großen Runde preschten wir durch den nächtlichen Winterwald. Das Hundegespann vor uns jaulte und japste fröhlich. Die Bäume links und rechts des schmalen Waldweges flogen schattenhaft in der Dunkelheit an uns vorbei. Obwohl hoch verschneit merkten wir, dass das Gelände leicht buckelig war. Die Huskies zogen den Schlitten so schnell, dass er bei größeren Hügelkuppen für einen winzigen Moment in der Luft schwebte, bevor er mit einem Hopser wieder vollends den Boden berührte. Was für ein Erlebnis! Glücklich und zufrieden machte uns selbst der inzwischen heftige Schneefall nichts aus.

Eisskulpturen-Festival - Pello

Auf der Rückfahrt zu unserer Unterkunft hielten wir auf dem Parkplatz einer Raststätte am Rande der Gemeinde Pello noch einmal an. Jedes Jahr findet hier das „Blue-Ice Art-Event" statt. Das Eis des Torneoflusses wird von Künstlern verschiedener Nationen in sehenswerte Kunstwerke verwandelt. Phantasievolles: ein grün leuchtendes Chamäleon und ein blau glühendes Einhorn, sich aufbäumend, da es von einem Pfeil getroffen wurde. Eisgeborenes: ein Pinguin mit seinem Jungen. Gedankenschweres: eine ältere Frau, versunken auf einem überdimensionalen Schaukelstuhl sitzend. Aber auch Skurriles: ein riesiger Totenschädel, eisig grinsend. Für jeden Geschmack war etwas dabei. Die Kunstwerke erfreuten sowohl die Einheimischen als auch die Touristen, jedenfalls bis zur nächsten Schneeschmelze.

In der Lodge angekommen erwarteten uns die in einer Reihe stehenden, zugeschneiten Motorschlitten. Mit ihren sich im Licht spiegelnden Scheinwerfern wirkten sie wie lächelnde Gesichter, scheinbar wissend um unseren phantastischen und aufregenden Tag.

Der nächste Morgen war eisig und der Bus musste erst warmlaufen, damit der Rollstuhllift funktionierte. Nur langsam zeigte sich ab und zu die Wintersonne. Wir waren unterwegs nach Rovaniemi, der Hauptstadt der finnischen Provinz Lappland. Die Stadt ist nicht nur Universitätsstadt und wichtiges Einkaufszentrum für die Siedlungen der Umgebung, sondern auch ein touristisch attraktives Reiseziel.

Die meisten Besucher zieht es zum Arktikum, dem Museum, Wissenschaftszentrum und beliebten kulturellen Ausflugsziel. Der Bau, im Zentrum der Stadt gelegen, ist selbst eine Sehenswürdigkeit. Ein Teil der Räumlichkeiten versteckt sich

Arktikum - Rovaniemi

unterhalb der Erde – so wie viele Tiere im arktischen Winter Schutz in Höhlen unter der Erde suchen. Darüber befindet sich ein 174m langes, in Süd-Nord-Richtung verlaufendes Glasgewölbe aus 1000 gehärteten Glasscheiben, jede 2 qm messend. Der

Bau wird auch als Tor zum Norden bezeichnet.

In den nächsten zwei Stunden hatte jeder die Möglichkeit, den eigenen Interessen folgend auf Erkundung zu gehen. Im Ausstellungsbereich über die Provinz Lappland sah ich in den Glasvitrinen frühe Funde von der Besiedlung dieser Gegend. Daneben gefielen mir vor allem die lebensgroßen Dioramen. Liebevoll gestaltete Szenen, die das frühere Leben der Urbevölkerung, der Samen, anschaulich zeigten. So z.B. das Eintreffen des Pelztierhändlers in einem Dorf oder das Zelt eines über das Land ziehenden Fotografen, in dem sich ein Pärchen ablichten lässt.

Viel Platz wurde der heimischen Tierwelt eingeräumt, insbesondere natürlich dem Ren. Und hier sah ich den einzigen Elch auf unserer Reise. Gut, dass es nur ein ausgestopfter ist, dachte ich. Aus der Rollstuhlperspektive, direkt davor stehend, wirkte er gigantisch. Wie hatte unser Guide erzählt: Alle Touristen wollen unbedingt einen Elch sehen, während die Einheimischen froh sind, wenn keiner ihnen zu nahe kommt. Elche sind wehrhaft und wissen um ihre Kraft. Sie lassen sich weder von Wölfen noch von Bären einschüchtern. Sie gehen selbst auf Menschen los, wenn diese sich ihnen allzu unvorsichtig nähern. Zudem verursachen sie jedes Jahr viele schwere Autounfälle.

Den imposantesten Eindruck machte auf mich die ständige Ausstellung mit dem Titel „Wandelhafte Arktis". Sie entführte mich in entlegene Winkel der Erde, z.B. in eine Eishöhle, wirkungsvoll mit blauschimmerndem Licht in Szene gesetzt und bewacht von einem Eisbären.

Ein umfangreicher Teil der Ausstellung beschäftigte sich mit dem Phänomen des Polarlichtes, auch Nordlicht bzw. Südlicht genannt, welches nur nördlich bzw. südlich des 60. Breitengrades zu sehen ist. Die Entstehung des Polarlichtes hängt mit der Ausdehnung der Magnetosphäre zusammen. Es erscheint, wenn elektrisch geladene Teilchen auf die oberen Schichten der Erdatmosphäre treffen, z.B. durch Sonnenwind. Die Farbe der

Erscheinungen kann grün oder rot, aber auch mehrfarbig sein, abhängig von der Art der angeregten Moleküle. Diese Lichtspiele erscheinen im Winter recht häufig. Sie treten jedoch sporadisch auf. Nicht jeder Reisende hat das Glück, sie in der Natur bewundern zu dürfen.

Das Museum hat deshalb ein Polarlichttheater eingerichtet. Ich rollte hinein in einen zeltähnlichen, runden Raum. Im Halbdunkel erkannte ich rings umlaufend ein Podest. Darauf lagen vereinzelt Menschen, den Blick zur Decke gerichtet. Die mehrminütige Multimediashow „Under the Northern Light" wurde großflächig an die Decke projiziert. In einem farbenprächtigen Schauspiel erhielt ich einen phantastischen Eindruck von der Pracht des nördlichen Sternenhimmels. In sphärische Musik gehüllt verzauberte mich das Entstehen und Vergehen der schönsten Polarlichter.

Als wir aus dem Museum kamen, war es draußen merklich dunkler geworden. Die richtige Zeit für das nächste spannende Erlebnis für Groß und Klein. Am Rande des Städtchens Rovaniemi, direkt auf dem Polarkreis, liegt Santa Claus Village, das Dorf des Weihnachtsmannes. Geöffnet hat es jeden Tag, vermutlich aber nicht in der Weihnachtsnacht.

Am Eingang befand sich ein Holzturm mit vielen Wegweisern. Sie zeigten die Entfernung vom Polarkreis zu einzelnen Städten der Welt an – Berlin Luftlinie 1789 km.
Das Gelände lag direkt auf dem Polarkreis. Wo dieser verlief, war mit einem großen Schild gekennzeichnet. Wenn kein Schnee gelegen hätte, wäre hier eine dicke auf den Boden gemalte Linie erkennbar gewesen. Mit einem großen Schritt hätte man symbolisch den Polarkreis überqueren können. Dahinter wiesen mir Laternen, die Leuchttürmen ähnelten, den Weg zu einem lichterbehangenen Holzhaus. Das war es also, das Haus des Weihnachtsmanns. Am Eingang standen hohe Tannen, die über und über mit kleinen, handbeschriebenen Schildchen behangen

waren, den Weihnachtswünschen von Menschen aus aller Welt. Im großen Vorraum hing ein mehrsprachiges Schild, das den Besuchern den Weg zum Joulupukin, finnisch für Weihnachtsmann, wies.

Haus des Weihnachtsmanns

Ein wenig unschlüssig im Raum stehend bemerkte ich einen Wichtel, welcher um die Ecke guckte. Er fragte mich, ob ich zum Weihnachtsmann wollte. Warum nicht, deswegen waren wir ja hier. Ich entdeckte einige Mitreisende aus unserer Gruppe und animierte sie, mitzukommen. Der freie Eintritt erleichterte einigen die Entscheidung. Der Wichtel erkundigte sich noch, woher wir kämen und welches unsere Muttersprache sei. Er forderte uns auf, an der Tür zu warten, da der Weihnachtsmann noch beschäftigt sei.

Nach einigen Minuten, in denen wir irgendwie doch ein mulmiges Gefühl bekamen, wurden wir endlich eingelassen. Wir betraten eine schummerige Höhle und folgten einem langen, geheimnisvollen Gang, der durch die Mitte der Erde zu gehen schien. Täuschend echt ging es erst über feurige Lavaströme, dann über brüchiges Eis, eingehüllt von brodelnden und knackenden Geräuschen. Am Ende des Weges erreichten wir eine riesige Uhr. Eine Informationstafel verriet, dass sich Santa Claus mit dem Räderwerk dieser speziellen Apparatur die Mitternachtszeit in der Weihnachtsnacht ausdehnen kann, um in Ruhe alle Geschenke auszutragen. Wir waren noch damit beschäftigt, die Funktionsweise zu erkunden, als sich eine Tür öffnete. Ein weiterer Wichtel winkte uns herein.

Da saß er, der Weihnachtsmann, auf einem großen, alten Holzstuhl. Neben ihm stand ein antiker Globus. An der Wand daneben befanden sich in einem Regal Folianten und ein uraltes Telefon, noch mit Sprechmuschel. Er winkte mich heran und fragte mit nur geringem Akzent auf Deutsch, ob ich mir schon Gedanken über die nächsten Weihnachtsgeschenke gemacht habe.

Es folgten, zugegebenermaßen gern, die obligatorischen Fotos mit dem Weihnachtsmann. Schmunzelnd verabschiedete er sich von mir mit den Worten: „Das nächste Mal besuche ich Dich."

Es war, auch für uns Erwachsene, ein nettes Erlebnis. Hinaus gelangten wir zunächst in den Santa-Claus-Shop, wo diverse Geschenke darauf warteten, für die Daheimgebliebenen erworben zu werden. Natürlich durften die üblichen Souvenirs, Made in China, nicht fehlen.

Überrascht blieb ich stehen, als ich mich plötzlich auf einem Monitor über dem Verkaufstresen im Plausch mit dem Weihnachtsmann sah. Wie sich herausstellte, wurde alles auf Video aufgenommen und in Form einer CD als Souvenir verkauft.

Dem Weihnachtsmannhaus gegenüber verlief eine Häuserzeile mit Souvenirläden, Cafés und Restaurants, die mit Lichterketten behängt waren. Im Nebenhaus entdeckte ich den Eingang zur Post. Der Weihnachtsmann hat übrigens nicht nur sein eigenes Postamt, sondern auch einzigartige und nur hier erhältliche Briefmarken. Rechts am Ausgang standen zwei Postkästen. Der mit dem englischen Wort „today" gekennzeichnete wird täglich geleert. Wer jedoch möchte, dass seine Lieben die Post erst zum nächsten Weihnachtsfest zugestellt bekommen, wirft die Karte in den roten Briefkasten.

Neben dem Postamt begann ein parkähnliches Gelände, die Wege zart von blau, grün und gelb schimmernden Kugellampen beleuchtet. Ich rollte langsam zum Parkplatz, da zog ein hell illuminiertes Gebäude auf der gegenüberliegenden Seite meinen Blick auf sich. Das Joulutalo, ein idyllisches Christmas House mit Weihnachts-Ausstellung und Souvenir-Shop. Hier fand ich end-

lich auch das ersehnte Mitbringsel für Petra, warme mit sami-
schen Ornamenten versehene Filz-Hausschuhe.

Ein Blick auf die Uhr: oh, schon einige Minuten nach 16 Uhr.
Der Bus, bereit zur Abfahrt, wartete schon auf mich. Mit einem
letzten Blick auf das stimmungsvoll beleuchtete Haus des Weihnachtsmannes nahm ich Abschied von diesem märchenhaften
Ort.

Nach dem Frühstück hieß es, Lebewohl zu sagen. Die Sledges
waren beim Transport unseres Gepäcks eine gute Hilfe. Kurz
nach 9 Uhr zeigte das Thermometer bei einem grau verhangenen
Himmel 15 Grad minus. Rasch stiegen wir in den vorgeheizten,
warmen Bus ein. Die Abschiedsstimmung hielt nicht lange an,
denn wir wollten auf der Rückreise noch einige interessante Ziele
ansteuern.

Zunächst fuhren wir nach Kemi, einer Stadt am Finnischen

Heftiges Schneetreiben

Meerbusen, südöstlich
von Svanstein und ca.
140 km entfernt. Je
näher wir dem Ort
kamen, desto unge-
mütlicher wurde das
Wetter. Der Winter
zeigte seine spröde
Seite. Windböen peit-
schten über die Fahr-
bahn. Die Sicht war wegen des heftigen Schneetreibens stark
getrübt.

Wir parkten in der Nähe einer einzigartigen Sehenswürdigkeit, der größten Schneeburg der Welt. Sie wird seit 1996 jedes
Jahr zu Winteranfang mit wechselnder Architektur erbaut und
als Eishotel genutzt. Die Wege waren von hohem Pulverschnee
bedeckt. Beim Blick nach draußen stand die Frage im Raum:
Wollen wir wirklich aussteigen? Ja!

Beim Verlassen des Busses peitschte uns der kalte Wind vom Meer her feine Schneeflocken ins Gesicht. Doch wir waren unheimlich gespannt und quälten uns mit den Rollstühlen bis zum Eingang der Burg.

In finnischer Sprache hieß die Schneeburg „Lumilinna". Der Zugang zu Rezeption und Schneerestaurant war öffentlich, während die Besichtigung des Hotels ein paar Euro Eintritt kostete. Alle Besucher, egal ob groß oder klein, wurden von den Maskottchen Arttu und Terttu,

Schneeburg „Lumilinna" - Kemi

zwei knuddeligen Riesen-Schneeball-Kostüm-Menschen, begrüßt. Trotz passendem Wetter residierte die Eiskönigin offensichtlich an einem anderen Ort. Ihr Eisthron war vergnügt von den Kindern in Besitz genommen worden.

Das Hotel hatte Einzel- und Doppelzimmer. Das Doppelzimmer kostete übrigens 140 € pro Person und Nacht. Der Preis beinhaltete den freien Aufenthalt im gesamten Schneehotel. Eine Übernachtung im Schneezimmer inklusive Schlafsack, eine Taxifahrt zu einem nahe gelegenen Hotel, um zu duschen oder die Sauna zu nutzen und ein Frühstück in der geheizten Burg-Lounge.

Die Zimmer waren recht klein, es passten bis auf ein Doppelbett keine weiteren Möbel hinein. Nur in der Hotel-Suite hatte ich auch mit dem Rollstuhl viel Platz. Hier stand ein schickes Bett, welches aus massivem Eis gefertigt und mit vielen kuscheligen Fellen belegt war. Doch auch nach dem ausgiebigen Probeliegen fand ich es immer noch gewöhnungsbedürftig. Obwohl barrierefrei und mit Behinderten-Toilette ausgestattet ist das Hotel nur bedingt für Rollstuhlfahrer geeignet. Der pulvrige Schnee auf dem Boden der Gänge erschwerte das Vorwärtskommen erheblich, und kühl war es natürlich auch überall.

Doch die Mühe hatte sich gelohnt. Besonders beeindruckte mich die kreative Ausgestaltung. Das glanzvolle Foyer war mit

Foyer des Eishotels - Kemi

geschickt farblich ausgeleuchteten Kunstwerken verziert, die direkt aus den gefrorenen Wänden herausgearbeitet worden waren. Die Vitrinen aus blankem Eis wirkten wie natürliches, poliertes Glas. Und die hoteleigene Kapelle lag geheimnis- und würdevoll im Halbdunkel eines igluförmigen Raumes.

Nach der Besichtigung der Schneeburg fuhren wir weiter auf den abgelegenen Straßen des Nordens in Richtung Jyväskylä, noch etwa 450 km weit entfernt. In Finnland wurden die Straßen nicht gesalzen. Da es stetig weiterschneite, waren deshalb ununterbrochen Räumfahrzeuge unterwegs. So blieb uns das Schneechaos erspart, welches wir nur zu oft zu Hause erleben.

Gegen 20 Uhr erreichen wir Vaajakoski, einen kleinen Ort in der Nähe von Jyväskylä. Das dort befindliche Museumsdorf besteht aus 30 alten Gebäuden, typisch für die Region Mittelfinnland. Es zählt zu den beliebtesten Ausflugszielen der Gegend. Die original bäuerliche Ausgestaltung der Holzhäuser, mit liebevollem Blick auch für das Detail, begeisterte mich.

Beim Aussteigen erfuhren wir, dass uns ein echt altkarelisches Dinnerbuffet erwartete. Aus gusseisernen Töpfen und tönernen Schüsseln nahmen wir uns die schmackhaften Köstlichkeiten, die diese regionale Küche zu bieten hat. Es war bereits 23 Uhr als wir wohlig gesättigt unser Hotel in Laukaa, etwa 20 km von Jyväskylä entfernt, erreichten.

Zu so später Stunde war im Rezeptionsbereich kaum noch Betrieb, das Einchecken war schnell erledigt. Aus einem Gang ertönte Musik. Ich folgte den Klängen. In einem großen Raum amüsierten sich Urlauber bei Karaoke. Neugierig geworden ließ ich mir ein Bier an der Bar zapfen. Damit platzierte ich mich so, dass ich einen guten Überblick und auch einen der Bildschirme im Blick hatte, auf denen der Text angezeigt wurde. Doch die Sänger wählten ausschließlich Songs in Finnisch. Ich versuchte im Stillen, den Text mitzusingen, aber bei den vielen a′s, e′s und i′s hatte ich keine Chance. Vielleicht war ich auch nur zu müde.

Ich rollte zurück zu meinem Zimmer. Als ich den Wecker stellen wollte, war ich mir nicht sicher, ob die Abfahrt nach schwedischer oder finnischer Zeit erfolgen sollte. Der Unterschied betrug immerhin eine Stunde! Ich entschied mich pragmatisch für die frühere Zeit und nach einem letzten Blick aus dem Fenster schlief ich sofort ein.

Natürlich war die schwedische Zeit, die der deutschen entspricht, gemeint. Auch gut, so hatte ich eine Stunde gewonnen. Diese nutzte ich, um nach dem Frühstück das Haus zu erkunden. Von finnischen Tischnachbarn hatte ich erfahren, dass das Hotel „Peurunka" ein beliebtes Familien- und Sporthotel ist. Erstaunt war ich, als ich erfuhr, dass es gleichzeitig eine Rehabilitations-Einrichtung ist. Insbesondere Rollstuhlfahrer nutzen diese Hotelanlage auf Kassenkosten regelmäßig für einen Kuraufenthalt.

Bei meinem Rundgang entdeckte ich die sogenannte Sportkuppel. Hier befinden sich fünf verschiedene Schwimmbecken. Eines verläuft um alle anderen herum, so dass man große Runden schwimmen kann. Ein Schwimmbad-Lift war auch vorhanden. Ich hatte noch Zeit genug. Also eilte ich ins Zimmer, um die Badehose zu holen und genoss es, einige Bahnen zu schwimmen.

Gegen 10 Uhr stand unser vereister Reisebus zur Abfahrt bereit. Im Morgenlicht glitzerte eine Kette von Eiszapfen, die vorn an der breiten Stoßstange hing.

Zunächst fuhren wir in den nahe gelegenen Ort Jyväskylä, um dort einen kurzen Halt beim Werksverkauf von Panda, dem Hersteller von Süßigkeiten in Finnland, zu machen. Unmengen von Lakritze. Einfach lecker!

Bis nach Helsinki waren es noch knapp 300 km. Die winterliche Landschaft mit den schneebedeckten Straßen machte die Fahrt zu einem besonderen Abschiedsgeschenk.

Wir waren trotz schlechtem Wetter und Verkehr besser als gedacht vorangekommen und erreichten kurz nach 15 Uhr Helsinki, die Hauptstadt Finnlands.

Erfreut hörten wir vom Reiseleiter, dass wir noch zwei, drei Stunden für einen Bummel durch die Innenstadt hätten. Der Bus setzte uns direkt am alten Hafen ab. Nur einen Steinwurf

Alte Markthalle - Helsinki

von unserem Halteplatz entfernt lag die berühmteste Markthalle Helsinkis, „Wanha Kauppahalli" genannt. Der 1888 eröffnete und 1989 umfangreich renovierte Markt war unser aller erstes Ziel. In den skandinavischen Städten sind wegen der langen und kalten Winter Märkte in Hallen äußerst beliebt und haben in der Regel den ganzen Tag geöffnet.

Die verschiedenen Auslagen an den hübschen, rustikalen Ständen luden zum Stöbern und Genießen ein. Die Angebote an heimischen Spezialitäten machten Appetit auf die finnische Küche. An einem Verkaufsstand wurde Salami von Ren und

Elch angeboten. Für den stolzen Preis von 85 € pro kg konnte sogar eine Braunbär-Salami erworben werden.

Als ich die Markthalle verließ, erblickte ich die Kuppel vom Dom, dem bekanntesten Wahrzeichen Helsinkis. Er schien nicht weit entfernt zu sein. Außerdem hatte ich meinen Swiss-Trac dabei, so dass ich unabhängig und mobil war. Eine Mitreisende hatte ebenfalls Lust, sich den Dom anzusehen. Zehn Minuten später erreichten wir den Senatsplatz und standen vor einer pompösen Treppe, denn der Dom steht auf einem kleinen Hügel. Da ich mir gern Kirchen ansehe, umrundeten wir das Gelände auf der Suche nach der Rampe, von deren Existenz uns der Reiseleiter erzählt hatte. Im Inneren erkannten wir deutlich, dass die Kreuzkuppelkirche von der orthodoxen Architektur Russlands inspiriert war, denn Finnland war bis zu seiner Unabhängigkeit 1917 russisches Großfürstentum. Als wir den Dom verließen, schweifte mein Blick über den weitläufigen Platz und über die vielen Gebäude im Empirestil, die den Platz einrahmen. Diese prachtvollen Bauwerke ließ Zar Nikolaus I. erbauen, denn Helsinki sollte eine würdige Tochter von St. Petersburg sein.

Anschließend bummelten wir noch ein wenig durch die Innenstadt. Das war trotz Eis und Schnee selbst mit dem Rollstuhl unproblematisch, da die Gehwege der Flaniermeile beheizbar und somit schneefrei waren.

Ein hellerleuchtetes Gebäude erweckte meine Aufmerksamkeit. Stockmann, das größte Kaufhaus Skandinaviens. Es ist am ehesten vergleichbar mit dem Berliner KaDeWe. Wie der Firmenname verrät, war der Gründer ein gebürtiger Deutscher aus dem Lübecker Raum, der 1852 nach Finnland kam. Kaufen kann man hier alles, was gut und teuer ist. Ich sah aber auch viele typisch finnische Erzeugnisse und Andenken.

Es war Zeit für den Rückweg. Der führte uns durch das Stadtzentrum, begrenzt von zwei großen Straßen, der Nord- und der Südesplanade. Der dazwischenliegende Park wird im Winter illuminiert und war ei-nen beschaulichen Spaziergang wert. Er trennt den hektischen Norden, das Geschäftszentrum, vom eher geruhsamen südlicheren Teil der Stadt.

Illumination - Helsinki

Wir waren wieder am Hafen angelangt. Der Bus wartete schon auf uns. Wir verabschiedeten uns von Helsinki mit einem letzten Blick auf die alte Markthalle, die von historischen Kugelleuchten beschienen, im Lichterglanz erstrahlte.

Nach einer kurzen Fahrt erreichten wir den am Stadtrand gelegenen neuen Fährhafen, von wo aus die Fähre, wieder die „Superfast VII", Richtung Heimat ablegen würde. Das Abendbuffet ist bekannt für sein abwechslungsreiches und schmackhaftes Angebot. Nach einem ausgiebigen Nachtmahl zogen wir uns zum Schlafen in unsere Kabinen zurück.

Den letzten Tag auf See verbrachte jeder individuell, meist wurde die Lobby der Fähre genutzt. Nach dem Abendessen hatten wir uns auf ein Glas verabredet, um gemeinsam Abschied zu nehmen. Frau Habermann von der Reiseagentur hatte eine Bildershow vorbereitet. Eine tolle Idee. Stimmungsvoll berichteten wir uns gegenseitig von unseren Erlebnissen und genossen dabei noch einmal die winterlichen Erfahrungen.

Nachdem die Fähre gegen 23 Uhr in Rostock angelegt hatte, eilten wir zu unserem Reisebus, der uns, halbschlummernd, sicher nach Hause brachte.

PETRA und HORST ROSENBERGER

F A Q ´ s
Häufig gestellte Fragen

Fragen stellen heißt, seinen Horizont erweitern.
Ohne Fragen verbleibt man in der Enge seiner Basis.
Willy Meurer, * 1934, Kaufmann, Publizist

Seit 30 Jahren reisen wir bereits rund um die Welt. In den unterschiedlichsten Ländern haben wir Interessantes und Anregendes erlebt und überwiegend positive Erfahrungen gemacht.

Vier von den letzten Reisen haben wir zu Multimediashows unter dem Motto „Rollis on Tour" aufgearbeitet. Seit 2007 präsentieren wir diese mehrmals monatlich in Rehabilitationseinrichtungen, häufig aber auch einmalig auf Anfrage. Im Anschluss an die Shows kommt es regelmäßig zu einem anregenden Gedankenaustausch mit den Zuhörern. Dabei werden uns vergleichsweise oft bestimmte Fragen gestellt.

Diese Fragestellungen und unsere Antworten sind womöglich auch für den Leser dieses Buches von Interesse!? Das abschließende Kapitel haben wir deshalb diesem Themenkreis gewidmet.

Im vorliegenden Rahmen können wir nur kurze Erläuterungen geben, die keinen Anspruch auf Vollständigkeit haben. Sie spiegeln jeweils nur unsere eigenen Erfahrungen und Sichtweisen wieder. Es kann durchaus sein, dass Sie ähnliche Begebenheiten anders oder auch gegenteilig erlebt haben. Zudem ist jede Behinderung einzigartig und die Anforderungen an Reisebedingungen damit ausgesprochen individuell und unter Umständen ganz unterschiedlich.

Wer reist, sollte unbedingt aufgeschlossen sein und sich auf die besuchte Region einlassen. Es ist vieles nicht wie zu Hause. Das gilt für alle reisenden Personen, noch mehr jedoch für Menschen mit einem Handicap.

Mehrmals schon haben wir mit unseren Erfahrungsberichten Menschen, die durch Krankheit oder Unfall plötzlich aus dem „normalen" Leben gerissen worden sind, Mut gemacht, ihr Schicksal anzunehmen. Manche haben sogar für sich den Entschluss gefasst, von Neuem zu verreisen. Das größte Lob für uns Reisebotschafter!

Wir freuen uns, wenn die Auflistung der Fragen und Antworten in diesem Nachwort dem einen oder anderen Leser helfen kann, seine zukünftigen Touren umfassender zu planen, und ihm dabei womöglich als eine Art „Checkliste" dienen könnte.

Weiterhin sollten Sie auch das Interesse auf Angebote von Veranstaltern lenken, die sogenannte Behinderten-Reisen organisieren. Sie können auf jeden Fall eine gute Alternative sein, wenn Sie sich individuelles Reisen nicht zutrauen oder es für Sie nur schwer machbar ist. Sie sollten dies generell bei den Überlegungen einer Reiseplanung nicht ausschließen.

Welche Erfahrungen haben wir als Rollstuhlfahrer im Ausland gemacht?

Zunächst einmal: überwiegend gute!
Eine wahrlich schockierende Behandlung erlebten wir nur ein einziges Mal: in Hongkong. Die damalige Kronkolonie besuchten wir auf der Rückreise von Australien. Eine Woche Aufenthalt war geplant. Zu dieser Zeit mussten wir bei Unternehmungen auf öffentliche Verkehrsmittel zurückgreifen, da es damals keine Möglichkeit gab, ein Auto zu mieten. Angekommen auf dem Flughafen und mit den besten Erfahrungen von Barrierefreiheit im Gepäck stellten wir uns mutig den Bedingungen, wissend, dass es nicht mit Australien zu vergleichen sein würde.

Wir rollten erwartungsfroh zur Haltestelle der Hotelbusse. Der Fahrer des Hotel-Shuttles lehnte eine Mitnahme mit der Begründung ab, dass die Fahrt für uns nicht komfortabel wäre und wir nicht erwarten könnten, dass uns andere Leute behilflich sind. Immer noch optimistisch, weil wir annahmen, dass nur der eine Fahrer so ablehnend reagierte, warteten wir auf den nächsten

Bus. Die Szene wiederholte sich. „Nehmen wir ein Taxi", dachten wir. Doch am Taxistand „übersahen" uns die Taxichauffeure. Hinter uns bildete sich langsam eine Menschenschlange, aber die Taxifahrer schien dies nicht zu beeindrucken. Dann passierte etwas Unglaubliches. Ein herbeieilender, bewaffneter Uniformierter erzwang mit vorgehaltener Waffe, dass wir in den vordersten Wagen einsteigen durften und der Fahrer widerwillig ausstieg, um unser Gepäck zu verstauen. Auch bei den geplanten Touren durch die Stadt gelang es uns nicht, ein Taxi anzuheuern. Da die Straßen und Wege eben waren und wenig Steigungen aufwiesen, entschieden wir, die Metropole per Rolli zu erkunden. Einige Male benutzten wir auch die moderne U-Bahn. Um den Bahnsteig zu erreichen, galt es allerdings eine Treppe mit vielen Stufen zu überwinden. Dabei halfen uns die Passanten, wenn wir sie um Hilfe baten. So viel wie in dieser Woche sind wir noch niemals im Leben gerollt. Positiv daran war, dass wir dadurch den Reiz und die Stimmung dieser zwiespältigen Metropole unglaublich intensiv erleben konnten.

Im Großen und Ganzen hatten wir auf unseren Reisen den Eindruck, dass uns die Menschen aufgeschlossen und vorurteilslos begegneten. Hemmungen oder Berührungsängste schienen schnell überwunden. Meist waren sie von unseren Aktivitäten beeindruckt und begeistert und fanden es ausgesprochen mutig und interessant, dass wir zwei Rollstuhlfahrer allein unterwegs waren. Auch wir gehen aufgeschlossen und mit Neugier in jede Begegnung.

Bei unseren Urlauben versuchen wir, uns Begrüßungsworte und die Begriffe für „Bitte" und „Danke" in der jeweiligen Landessprache anzueignen. Eine kleine Geste, die aber viel Sympathie erzeugt. Wir glauben fest an die Devise: „Wie es in den Wald hinein schallt, so schallt es wieder heraus!"

Doch auch in anderen Alltagssituationen wurden wir durch aufmerksames Verhalten der Menschen positiv überrascht.

In südlichen Ländern ist der Verkehr chaotisch und eine

Überquerung der Straße ist für Fußgänger ein riskantes Unterfangen. Umso mehr erstaunte es uns, dass, wenn wir am Straßenrand standen und den Augenkontakt zu den Fahrern suchten und damit signalisierten, dass wir die Fahrbahn überqueren wollten, sie oft für uns anhielten.

Nicht selten ist der Zugang zu Sehenswürdigkeiten oder überhaupt erst einmal der Weg dahin nicht barrierefrei. Dessen ungeachtet haben wir immer wieder erlebt, dass die Menschen mit einem aufmunternden Lächeln und ohne große Worte zugepackt haben, weil es für sie bedeutsam war, dass auch wir zur Attraktion gelangten. In Italien an der Amalfi-Küste wollten wir uns zum Beispiel die berühmte „Blaue Grotte" ansehen. Doch das Schiff schlingerte an der Kaimauer. An ein Einsteigen war nicht zu denken. Als der Kapitän das sah, zögerte er keine Sekunde und trug uns an Bord.

Ähnlich erging es uns in Ägypten. Ein Zubringerboot brachte uns über den Nil. Auf der anderen Seite wartete der Bus, der uns ins Tal der Könige bringen sollte. Doch zuvor war ein Steilhang über einen schmalen Steg zu überwinden. Mit den Rollstühlen chancenlos! Doch ehe wir es uns recht versahen, hoben ein paar Einheimische unsere Rollis an. Bevor wir begriffen, dass wir bei dieser Aktion auch aus dem Rollstuhl hätten fallen können, waren wir bereits unbeschadet oben angekommen.

Nun ja, beim Reisen, muss man auch mit klitzekleinen und größeren Abenteuern rechnen!

Eine erzählenswerte Begebenheit erlebten wir bei einem Urlaub in Florida. Unsere Route führte uns auch entlang der Florida Keys. Auf der Insel Marathon in einem Motel unmittelbar neben einem Jachthafen verbrachten wir ein paar erholsame Tage. Beim Erkunden der Umgebung entdeckten wir ein Tauch-Center. Ich fragte nach, ob auch für mich die Möglichkeit besteht, hier zu tauchen? Wenn ich mir das zutrauen würde, warum nicht? Nach einem theoretischen Kurzlehrgang und praktischen Übungen im Pool eines Hotels erlebte ich einen phantastischen Tauchgang. Die Instrukteurin war begeistert, dass ich trotz meiner Behinderung den Wagemut zum Tauchen hatte. Da sie bisher keine Erfahrung mit behinderten Menschen bei Tauchgängen sammeln konnte, war sie erleichtert, dass alles so problemlos geklappt hatte. Später, unser Urlaub lag bereits mehrere Wochen zurück, erhielten wir Post vom Tauch-Center. Ich freute mich zu lesen, dass auch sie viel Spaß an der gemeinsamen Tauchaktion hatten. Die erneuten Glückwünsche zu meinem Mut machten mich besonders stolz.

An viele ähnliche Begebenheiten können wir uns erinnern. Sie lassen die Unwägbarkeiten und kleinen Ärgernisse, die es auf jeder Reise gibt, in den Hintergrund treten. Und das ist gut so!

Wie erkennen wir bei der Reiseplanung, ob der Urlaubsort bzw. die Region im Ausland behindertengerecht ist?

In guten Reiseführern findet man zunehmend auch Angaben über die Rollstuhlzugänglichkeit von Sehenswürdigkeiten.

Eine weitere gute Quelle sind die Websites der Städte und die offiziellen Tourismus-Auskünfte der Länder und Regionen. Gute Erfahrungen haben wir auch damit gemacht, uns die speziellen Prospekte für Menschen mit Behinderungen zusenden zu lassen. Leider sind solche Kataloge nicht in jedem Land verfügbar oder liegen nur in Landessprache oder einer der großen Weltsprachen vor.

Wenn wir es zeitlich einplanen können, besuchen wir die Internationale Tourismusbörse (ITB) in Berlin, die jedes Jahr im Frühjahr stattfindet. Neben allgemeinen Anregungen für faszinierende, neue Reiseziele treffen wir immer öfter auf Angebote für Menschen mit Behinderungen und erhalten verlässliche Auskünfte über barrierefreie Reisemöglichkeiten. Wir suchen stets das Gespräch mit den Anbietern. Dabei entwickelten sich überwiegend interessante Dialoge, in denen wir viele zusätzliche Anregungen für unsere Reisevorbereitung gewannen, oder wir bekamen Prospekte, die offiziell nicht mehr verfügbar waren. Hatten wir auch noch das Glück, dass die Gesprächspartner die Region gut kennen oder sogar dort leben, gab es darüber hinaus noch tolle Insidertipps und erstklassige Hinweise. So erhielten wir eine ausgezeichnete Empfehlung für ein vergleichsweise preiswertes, behindertengerechtes Hotel mit gehobener Ausstattung in Hongkong. Dieses konnten wir tatsächlich buchen und sind dort bestens zurechtgekommen.

Eine weitere für uns gewinnbringende Begegnung erlebten wir am Messestand der USA. Ein Mitarbeiter, der früher bei einer amerikanischen Fluggesellschaft beschäftigt war, riet uns, unsere Kalifornien-Rundreise mit einem Abstecher nach Hawaii zu verbinden. Durch den Stop-over-Aufenthalt in Los Angeles galt der Weiterflug als Inlandsflug und war damit beträchtlich kostengünstiger.

Und vieles mehr ...

Wer organisiert unsere Reisen?

Wir stellen die Touren nach unseren Wünschen und Möglichkeiten unter Einbeziehung früher gemachter Erfahrungen zu einem Reiseplan zusammen. Dabei nutzen wir Internet, Reisebücher und Prospekte. Auch auf Reisemessen holen wir uns Informationen.

Man kann sich jedoch auch professionell unterstützen lassen. Weltweit gibt es inzwischen mehr und mehr Anbieter, die auch oder ausschließlich Reisen für Menschen mit Behinderungen offerieren.

Das Internet bietet heute eine fast unglaubliche Fülle an Informationen auch zu diesem speziellen Thema. Das Informationsangebot kann in Abhängigkeit vom Zielort begrenzter sein, wenn man nur auf deutschsprachige Seiten zurückgreifen kann. Die übliche Vorsicht im Netz sollte hier jedoch nicht außer Acht gelassen werden. Prüfen Sie gegebenenfalls vor der Buchung, ob der Anbieter eine entsprechende „Reise-Ausfall-Versicherung" hat, damit sie im Ernstfall abgesichert sind.

Auch mit Reisebüros haben wir schon gute Erfahrungen gemacht. Große Reiseanbieter haben mitunter spezielle Angebote für Menschen mit Behinderungen. Entscheidend ist hier, dass Sie der Ansprechperson gegenüber Ihre Bedürfnisse klar formulieren, und wie engagiert die Anbieter Ihre Belange abklären.

Eine kleine Anzahl von Reiseagenturen, die die Ausflüge in aller Regel selbst organisieren und durchführen, sind auf sogenannte Behinderten-Reisen spezialisiert. Die Reiseunternehmer können Ihnen genau sagen, ob die gewünschte Reise Ihren Bedürfnissen entspricht und aufgrund Ihrer Behinderung durchgeführt werden kann. Das gilt nicht nur für Busreisen, sondern für organisierte Reisen generell. Verschiedene Agenturen sind auch dabei behilflich, individuelle Touren, z.B. geführte Mietwagen-Rundreisen, zu planen. Einige Organisationen, Vereine und Stiftungen für Menschen mit Behinderungen, aber auch kirchliche Einrichtungen bieten ebenfalls Ausflüge für einen oder mehrere Tage bzw. Freizeitfahrten an. Meist erfolgt dies im Rahmen einer Gruppe. Eine zusätzliche Betreuung ist mitunter möglich. Es kann sich lohnen, bei entsprechenden Stellen in Ihrer Region nachzufragen.

Wer bezahlt unsere Reisen?

Für die Kosten kommen wir allein auf. Wir sind beide berufstätig und verwenden einen Teil unseres Einkommens dafür.

Auch die von uns durchgeführten Multimedia-Shows helfen mit ihren Einnahmen dabei, weitere touristische Ziele anzuvisieren.

Einige Vorhaben, wie zum Beispiel Aufenthalte in Australien oder Kanada waren kostenintensiver. Die Mittel müssen wir in einem längeren Zeitraum ansparen. So wechseln sich kleinere und größere Touren bei uns ab.

Werden Urlaubsreisen bezuschusst?

Nach unserem Kenntnisstand gibt es keine flächendeckenden Zuschüsse vom Sozialamt, da Urlaub nicht zum sozialrechtlichen Bedarf gehört. Ausnahmen sind Ferienaufenthalte für Menschen mit einer Behinderung zur Teilnahme am Leben in der Gemeinschaft im Rahmen der Eingliederungshilfe, insbesondere als Gruppenreisen. In einzelnen Bundesländern oder auf örtlicher Ebene kann es Urlaubszuschüsse bei Bedürftigkeit geben. In einem solchen Fall sollte man sich beim zuständigen Sozialamt erkundigen. Eine Beantragung dieser Leistungen ist empfehlenswert.

Reisen wir allein?

Ja! Wir sind überwiegend allein unterwegs, obwohl wir beide Rollstuhlfahrer sind. In früheren Jahren war natürlich unsere Tochter dabei.

Gelegentlich haben wir den Urlaub mit Freunden oder Bekannten verbracht.

In neuerer Zeit haben wir für uns auch die Möglichkeit entdeckt, an speziellen Busreisen für Menschen mit Handicaps teilzunehmen. Insbesondere für Städtereisen nutzen wir dieses komfortable Angebot inzwischen gern und regelmäßig.

Wie lange dauern unsere Reisen?

Da wir noch berufstätig sind, ist die Zeit vom tarifrechtlichen Urlaubsanspruch begrenzt. Überwiegend sind wir 2-3 Wochen unterwegs. Bei den Reisen nach Übersee, wo Langzeitflüge notwendig sind, planen wir mehr als einen Monat ein. Dies war besonders bei der Rundreise durch den Südwesten der USA inclusive Abstecher nach Hawaii oder dem Urlaub in Australien und Tasmanien mit Zwischenstopp in Hongkong sinnvoll.

Wie bewältigen wir den Gepäcktransport?

Das hängt davon ab, wie wir an unser Reiseziel gelangen. Eigenes Auto, Flugzeug, Bus oder Bahn?

Welche Transportmittel wollen wir unterwegs und am Zielort nutzen? Privatauto, Mietwagen, öffentliches Nahverkehrssystem?

Sind wir nur mit den Rollstühlen auf Achse oder haben wir unsere elektrischen Zuggeräte, die Swiss-Track, dabei?

Je eingeschränkter die Bedingungen sind, desto notwendiger ist es, zu überlegen, was wir unbedingt brauchen. Bei Flugreisen hat jeder einen Rucksack hinten am Rollstuhl hängen. Ein Koffer und eine Tasche müssen als weiteres Gepäck ausreichen, denn diese können wir selbst transportieren. Eine einzigartige Hilfe sind die für diesen Zweck konstruierten sogenannten Caddys. Das sind ausklappbare Transportbügel, die vorn am Rollstuhl befestigt werden, auf denen sich ein Koffer auf ebener Fläche gut mitnehmen lässt. Scheuen Sie sich nicht, Ihr Sanitätshaus zu fragen, ob sich solche auch an Ihren Rollstuhl anbringen lassen. Das ist natürlich keine übliche Leistung der Krankenkasse, kann aber eine gute, private Investition zur Verbesserung Ihrer Mobilität darstellen.

Sind wir mit unserem Privatauto auf Reisen, können wir großzügiger in der Auswahl der Gepäckstücke sein, müssen aber auch dabei stets im Auge behalten, dass wir es selbständig hinbekommen, diese ein- und auszuladen.

Was beachten wir bei der Vorbereitung unserer Flugreisen?

Eine gute Lösung, wenn Sie sich um nichts kümmern wollen, ist die Planung und Buchung des Fluges durch ein Reisebüro. Immer mehr Menschen, auch wir, nutzen jedoch die komfortablen Möglichkeiten des Internets, die Flugrouten selbst herauszusuchen, die Preise zu vergleichen und ggf. sofort zu buchen und das 24 Stunden am Tag. Das funktioniert an sich problemlos.

Doch achten Sie darauf, dass die Hilfsmittel, die Sie mitnehmen wollen, angemeldet werden müssen. Unsere Rollstühle wurden bisher von den Fluggesellschaften kostenlos als zusätzliches Gepäck akzeptiert. Hat man eine Voranmeldung versäumt, kann im Ernstfall die Mitnahme im Flieger verweigert werden! Das Anmelden im Internet ist bei einigen Airlines etwas umständlich, da die entsprechende Unterseite in der Website schwer zu finden ist und zum Teil ausschließlich in Englisch dargeboten wird. Da es mittlerweile ein üblicher Weg ist, sich im Internet zu informieren und den Flug zu buchen, findet man insbesondere bei den großen Gesellschaften immer mehr Seiten auch mit mehrsprachigen Angeboten. Im Zweifelsfall nutzen Sie doch lieber das Reisebüro, oder erkundigen Sie sich direkt am Flughafen.

Bei der Recherche der Flugroute achten wir darauf, dass wir möglichst wenig umsteigen müssen, denn umständlich, aufwendig und aufregend ist dies in jedem Fall. Wenn vorhanden, reisen wir am liebsten Nonstop. Natürlich ist es meist nicht der billigste Flug. Da gilt es, abzuwägen.

Wer nicht laufen kann, um die Bordtoilette zu benutzen, muss für die Flugdauer eine eigene Lösung schaffen, z.B. sich mit Urinalkondomen und Pampers eindecken. Dies gilt insbesondere für lange Flüge.

Leider kann man seinen bevorzugten Platz im Flugzeug nicht vorab reservieren. Jede Fluggesellschaft, mitunter auch noch das Personal, hat eigene Vorstellungen, was „gut"oder „komfortabel" ist. „Sie werden platziert" bedeutet für uns oft Unannehmlichkeiten, aber erträgliche. Mit Unterarmstützen können wir noch wenige Schritte gehen. Doch die Sitzreihen sind eng. Wir haben dadurch Mühe, aufzustehen. Gelegentlich durften wir in dem Bereich sitzen, der für Mütter mit Kindern reserviert ist, denn hier herrscht viel Beinfreiheit. Jedoch hat man keinen Anspruch darauf. Auf Nachfrage erhielten wir bisher nur ausweichende Antworten und wurden auf irgendwelche Sicherheitsaspekte verwiesen.

Eine allgemeingültige Auflistung der für Betroffene wichtigen Aspekte finden Sie u.a. auf der Internetplattform von myhandicap unter dem Stichwort „Fliegen mit Behinderung".

Fahren wir Mietwagen?

Wir können beide nur Fahrzeuge mit Automatikgetriebe steuern, die auf Handgas und -bremse umgebaut sind. Solche Leihwagen sind inzwischen in einigen Ländern bei einzelnen Autovermietungen zu buchen. Nachfragen bei den Vermietungen vor Ort, z.B. über das Internet, ist die beste Lösung. Die Mitarbeiter kennen die Bedingungen ihrer Region und können unter Umständen Gewünschtes organisieren. Wir haben dies erst kürzlich bei der Vorbereitung unserer Südafrikareise ausprobiert und dabei festgestellt, dass es gut funktioniert, wenn man detailliert erklärt, was man benötigt.

Am aussichtsreichsten ist es derzeit auf dem nordamerikanischen Kontinent, behindertengerecht umgebaute Mietfahrzeuge zu buchen. Dort kann man seit vielen Jahren, rechtzeitige Reservierung vorausgesetzt, aus dem breiten Angebot von der Limousine bis zum Van wählen.

In den meisten Regionen dieser Welt werden Sie jedoch vergeblich einen umgebauten Mietwagen suchen. Wenn Sie, wie wir, keinen „Fußgänger" als Beifahrer an Bord haben, bleiben nur zwei Varianten. Sie mieten sich ein Auto mit Fahrer oder verwenden ein mobiles Handgasgerät. Beides hat seine Nachteile.

Der Chauffeur muss bezahlt werden. Bei einer Rundreise entstehen zusätzlich für ihn Übernachtungskosten. Beim Einsatz mobiler Handgasgeräte entfallen womöglich die abgeschlossenen Autoversicherungen - ein nicht auszudenkendes Risiko.

Wir sind dieses Wagnis in der Vergangenheit manches Mal eingegangen, um entlegene Gegenden erkunden zu können. Jede Menge Spaß erlebten wir beispielsweise mit einem gemieteten Cabrio auf Hawaii. Oben ohne unternahmen wir eine Spritztour entlang den kilometerlangen schneeweißen Stränden. Doch selbst dann, wenn man sich, wie wir, entschlossen hatte, in bestimmten Situationen ein mobiles Handgasgerät einzusetzen, scheitert dies unter Umständen daran, dass nur Schaltwagen angeboten werden. So mussten wir z.B. auf der Ferieninsel Lanzarote viel Geld für das Ausleihen einer teuren Oberklasse-Limousine mit Automatikgetriebe von einer Privatperson bezahlen. Wir bereuten es nicht, denn dadurch hatten wir die Möglichkeit, die gesamte Insel zu erkunden.

Wie ist das mit dem Parken im Ausland?

In den meisten Ländern, die wir bereist haben, findet man Behindertenparkplätze. Wir besitzen den blauen Europäischen Parkausweis für Behinderte. In jedem Land der EU können wir auf den besonders gekennzeichneten Parkflächen das Auto abstellen. Darüber hinaus gelten in den einzelnen EU-Ländern landesspezifische Bestimmungen im Hinblick auf Parkerleichterungen. Wichtig erscheint uns, sich vor Reiseantritt ausreichend zu informieren. Sonst kann es passieren, dass das Fahrzeug abgeschleppt wird. Eine Behinderung zu haben reicht leider nicht aus, sondern es muss auch sichtbar im Auto kenntlich gemacht werden.

Den benannten Parkausweis mit Lichtbild können Sie unter Vorlage des Schwerbehindertenausweises bei der zuständigen Straßenverkehrsbehörde im jeweiligen Bezirksamt beantragen.
Wie finden wir solche Parkplätze? Im Internet gibt es zahlreiche Websites, die die konkreten Standorte zeigen. Oft enthalten die Stadtseiten selbst die gewünschten Angaben. Eine umfangreiche und ständig weiter aktualisierte Sammlung für Deutschland liefert u.a. die Website von myhandicap unter dem Stichwort „Behindertenparkplatz".

Sind wir unterwegs in einer Stadt im Ausland, informieren wir uns in der örtlichen Touristeninformation. Vor öffentlichen Einrichtungen wie Museen, Theatern, Ämtern oder Rathäusern haben wir stets Behindertenparkplätze gefunden. Direkt in der City vieler Städte oder der zentrumsnahen Umgebung gibt es in der Regel entsprechende Parkflächen.

Auch auf Reisen außerhalb der Europäischen Union nehmen wir unseren Behinderten-Parkausweis mit, obwohl er eigentlich dort keine Gültigkeit besitzt und man dies auch nicht erwarten darf. Es gelang uns dadurch, zumindest auf unser Problem aufmerksam zu machen. Bisher zeigte sich, dass dieser Ausweis trotzdem Akzeptanz fand, auch wenn er stets argwöhnisch und gründlich von Polizisten begutachtet wurde. Auch in Ländern, die keine lateinische Schrift haben, wird das darauf befindliche Rollstuhlfahrerzeichen verstanden.

Es kam auch schon vor, dass wir den Ausweis vergessen hatten. Wir halfen uns dadurch, dass wir auf ein Blatt Papier ein großes Rollstuhlzeichen malten und dieses hinter die Windschutzscheibe legten. Hat bisher auch funktioniert. Allerdings haben wir in den USA und Australien erlebt, dass der Sheriff uns bei der Rückkehr bereits am Auto erwartete, um zu sehen, ob wir tatsächlich Rollstuhlfahrer sind und alles seine Richtigkeit hat. In den USA, Australien und Kanada ist das Behindertenzeichen direkt im Nummernschild enthalten. Da unser Mietwagen ein solches Zeichen nicht aufwies, wurden wir deshalb häufig von Passanten angesprochen und höflich gefragt, ob wir bemerkt hätten, dass wir auf einem Behindertenparkplatz halten. Als sie feststellten, dass wir Rollstuhlfahrer sind, war es ihnen unangenehm und sie entschuldigten sich bei uns. Für uns kein Problem, vielmehr waren wir begeistert, dass auch Passanten den Mut hatten, falsches Parken anzusprechen. Dies würden wir uns auch für Deutschland wünschen, wo wir zunehmend mit zugeparkten Behindertenparkplätzen konfrontiert sind.

Sind die Unterkünfte stets behindertengerecht?

Aus unserer Sicht ist die Definition einer behindertengerechten Unterkunft schwierig, wenn nicht gar unmöglich. Jede behinderte Person hat ihre eigenen Bedürfnisse. Im Laufe der Zeit hat sie sich ihre ureigenen Strategien antrainiert, um mit ihrer Behinderung klar zu kommen. Obwohl wir beide die gleiche Erkrankung haben, Post-Polio-Syndrom, sind selbst unsere Anforderungen an zusätzliche Hilfen, zum Beispiel bei Haltegriffen im Bad und WC, verschieden.

Inzwischen haben wir beim Reisen enorm viele Erfahrungen gesammelt und erkennen bereits auf den Bildern und Beschreibungen von Prospekten der Hotels, Motels, Pensionen oder Ferienwohnungen, ob sie für uns zweckmäßig sind. Doch das kann im Einzelfall auch daneben gehen, wie Sie in der Geschichte über unsere Griechenland-Reise lesen konnten.

Bei der Suche nach einer geeigneten Urlaubsunterbringung im Internet sollten Sie die übliche Skepsis zeigen und die Gegebenheiten des Quartiers mit ihrem Ansprüchen sorgfältig abgleichen. Ein Beispiel: Wir suchten ein Hotel in der Sächsischen Schweiz. Auf einer speziellen Internetseite fanden wir behindertengerechte Unterkünfte. Wir buchten. Kurz vorher änderten sich unsere Pläne. Telefonisch erkundigten wir uns, ob wir einen Tag eher kommen können. Dabei erfragten wir noch einmal, welche Breite die Tür zum Bad tatsächlich hat und baten darum, uns die genaue Abmessung anzugeben. Sie war 50 cm schmal! Keine Chance, sie mit dem Rollstuhl zu durchfahren. Es war Sommer und alle anderen rollstuhlgerechten Zimmer in der Region ausgebucht. Nur zufällig fanden wir mit Glück ein neu eröffnetes und für uns taugliches Hotel, und so konnte unser Urlaub doch noch stattfinden.

Das Reisen ist für Menschen mit einer Behinderung wegen des Fehlens geeigneter, preiswerter Unterkünfte fast immer eine kostenintensive Angelegenheit. Günstige Residenzen sind leider selten barrierefrei erreichbar. Ausnahmen sind Motels, vor allem in Nordamerika und Australien. Doch auch in Europa findet sich eine zunehmende Zahl solcher Herbergen, meist in den

Industriezentren großer Städte. Wir nutzen sie regelmäßig, wenn wir mit dem Privatauto unterwegs sind, weil viele dieser Hotels mindestens ein rollstuhlgerechtes Zimmer anbieten. Doch auch für diesen Tipp gilt: Prüfen Sie, ob es Ihren persönlichen Ansprüchen gerecht wird.

Wie lösen wir das „Toilettenproblem"?

Wir benötigen momentan keine Hilfsmittel wie Katheter oder Ähnliches. Unser Problem ist eher, dass wir recht häufig ein WC aufsuchen müssen. Für uns ist es notwendig, dass die Toilette ebenerdig und die Türbreite entsprechend ist, damit wir mit dem Rollstuhl durch die Tür passen. Bei einer einmaligen Nutzung kommen wir auch ohne angebrachte Handgriffe aus. Der Einsatz eines mobilen Saug-Haltegriffes, den wir immer griffbereit im Auto haben, leistet gute Dienste. Er kann ohne Kraftaufwand schnell und unkompliziert von uns an die Wand an- und abmontiert werden.

Eine verlässliche Adresse in allen Ländern sind für uns Museen, öffentliche Einrichtungen - wie zum Beispiel Ämter - und große Einkaufszentren.

Toiletten in Gaststätten müssen für uns stufenlos erreichbar sein. Dies ist nicht flächendeckend gegeben, und manchmal mussten wir lange suchen, bevor wir ein für uns benutzbares WC gefunden hatten. Bei einem Bummel durch Innsbruck beispielsweise war es bitter für uns, dass sich die einzige Rollstuhlfahrer-Toilette am anderen Ende der Stadt im Rathaus befand.

Besonders in den südlichen Ländern ist diesbezüglich ein wenig Abenteuerlust gefragt. Suchten wir ein Restaurant auf, fragten wir, noch bevor wir Platz nahmen, ob eine entsprechende Toilette verfügbar ist. Dabei machten die Kellner uns fragwürdige, aber einfallsreiche Angebote, denn bei dem Überangebot an Gastronomie auf engstem Raum wollten sie uns als Gäste nicht an die Konkurrenz verlieren. In Athen stellte man uns, natürlich wortreich angepriesen, einen Aufzug zum Transport von Essen und Putzmitteln bereit, denn es galt, eine Treppe zu überwinden. Dieser Lift war nicht zur Personenbeförderung gedacht und daher ausgesprochen winzig, während der Fahrt stockdunkel und nur von außen zu bedienen. Doch es hat phantastisch funktioniert.

In größeren Städten findet man immer häufiger City-Toiletten - vollautomatisch, selbstreinigend und behindertengerecht. In Deutschland und einigen europäischen Nachbarländern kann man sie als Rollstuhlfahrer mit einem speziellen Schlüssel kostenlos benutzen. Dieser passt auch an den Toiletten auf den Parkplätzen entlang der Autobahn. Bei Vorlage des Schwerbehindertenausweises und gegen ein geringes Entgelt kann dieser beim CBF Darmstadt e.V., Pallaswiesenstr. 123 in 64293 Darmstadt bestellt werden.

Wie verständigen wir uns im Ausland?

Die Fremdsprache, die wir gut verstehen und in der wir uns ausreichend verständigen können, ist Englisch. Da dies eine der Weltsprachen ist, kommen wir damit in vielen Regionen der Welt ganz gut zurecht. Außerhalb der touristischen Hochburgen nützen auch Englischkenntnisse mitunter nichts. In diesem Fall behelfen wir uns mit unseren „Händen und Füßen". Bisher führte dies in der Regel zu einem zufriedenstellenden Ergebnis, so dass wir zum Beispiel den gesuchten Weg oder die Sehenswürdigkeit stets fanden.

Schwieriger ist es beim Lesen von Speisekarten. Sie sind häufig nur in der jeweiligen Landessprache verfügbar. Manchmal - insbesondere in Italien - hat uns unser Schullatein weitergeholfen. Wir reduzierten die Worte auf den Wortstamm und so gelang es uns, das Wort zu erschließen und den Sinn zu erfassen. Im Zweifelsfall, wenn wir die Speisekarte überhaupt nicht lesen können, orientieren wir uns daran, was andere Gäste verzehren und zeigen beim Bestellen auf das gewünschte Essen.

Doch sollte man offen und nicht verärgert sein, wenn doch einmal etwas schief geht. Wir haben dabei schon die tollsten Überraschungen erlebt und dadurch eine Menge Spaß gehabt. Beispielsweise saßen wir in Frankreich um die Mittagszeit in einem Restaurant und wollten an sich nur einen Kaffee trinken. Es roch stets unheimlich lecker, wenn die Kellnerin mit kross gebratenen Hühnerschenkeln an uns vorbeieilte. Das Wasser lief uns im Munde zusammen. Letztendlich kapitulierten wir und ließen uns die Speisekarte bringen. In der Karte entdeckten wir „Moule á la Poulette". Ich konnte mich erinnern, dass Huhn in Französisch Poule heißt. Also nahmen wir an, wenn wir das Gericht bestellen, wird uns das Essen mit Hühnerschenkel gereicht. Moule sind jedoch Muscheln und diese wurden in einer großen, dampfenden Schüssel mit Weißweinsauce serviert. Fassungslos schauten wir auf den Berg schwarzer Muschelgebilde, denn wir hatten vorher noch nie solche Meeresfrüchte gegessen. Tapfer probierten wir. Sie schmeckten köstlich. Seitdem liebe ich Muscheln.

Welche Vorbereitungen treffen wir vor der Reise in Bezug auf unsere Hilfsmittel?

Bevor wir eine längere Urlaubsreise antreten, begutachten wir alle Hilfsmittel, die wir mitnehmen wollen, insbesondere die Rollstühle. Beim geringsten Verdacht eines Mangels lassen wir sie professionell in unserem Sanitätshaus prüfen und wenn nötig reparieren. Bei Auslandsreisen veranlassen wir vorher immer eine gründliche Überprüfung.

Da wir viel auf Reisen gehen, sind wir bestrebt, unsere Hilfsmittel entsprechend sicher auszustatten. So sind die Rollstühle vorn mit pannensicheren Lenkrädern und hinten mit pannengeschützten Decken an den Antriebsrädern versehen. Lassen Sie sich diesbezüglich von einer Fachwerkstatt beraten. Erfragen Sie auch die Vor- und Nachteile. So haben z.B. viele Kunststoff-Lenkräder eine wesentlich schlechtere „Federung" als Luftbereifung, dies spürt man besonders beim Fahren über Kopfsteinpflaster. Eine allgemeingültige Empfehlung können wir nicht geben, denn alles hängt von der Behinderung und den individuellen Ansprüchen ab.

Welche Ersatzteile für unsere Hilfsmittel nehmen wir mit auf die Reise?

Wir nehmen nur wenige Ersatzteile mit. Nur Schläuche sowohl für die Rollstühle als auch für die Tracks haben wir im Gepäck. Auch ins Ausland nehmen wir wegen der meist begrenzten Transportkapazität nur das Nötigste mit.

Aus unserer Erfahrung passieren oft eher kleinere Pannen, die wir selbst reparieren konnten, z.B. Schrauben, die sich gelöst haben. Im Gepäck führen wir Grundwerkzeug mit: ein klappbares Universalwerkzeug für Fahrräder, ein scharfes Messer, eine Rohrzange und Klebeband. Vor Ort hat uns das Aufsuchen eines Fahrradreparaturgeschäfts auch weitergeholfen.

Was tun, wenn ein Hilfsmittel unterwegs defekt wird?

Durch die umfangreichen Inspektionen vor der Reise hatten wir bisher Glück und keine größeren Schäden an unseren Rollstühlen zu beklagen. Auch die Flüge zum Urlaubsland überstanden sie schadlos. Aber Pannen passieren, und so traf es uns auch unerwartet auf der einen oder anderen Reise.

Wir waren schon einige Tage in Los Angeles unterwegs und betankten den Mietwagen. Bei dieser Gelegenheit wollte ich am Luftautomaten die Rollstuhlreifen aufpumpen. Mit lautem Knall zerplatzte ein Schlauch. 18:30 Uhr in einer unbekannten Gegend! Zuerst baten wir in der Tankstelle um Hilfe. Weil hier keine Werkstatt angeschlossen war, konnten sie uns nicht behilflich sein. Da am frühen Abend mit hoher Wahrscheinlichkeit auch ein Sanitätsfachgeschäft nicht mehr geöffnet hat, suchten wir einen nahegelegenen Fahrradladen. In unmittelbarer Nähe befand sich einer. Doch ob der um diese Uhrzeit noch verkaufsbereit war? Die Tür stand offen. Ich ging hoffnungsvoll hinein. Drinnen wies mich ein älterer Herr mit den Worten: "Das Geschäft ist bereits geschlossen" mürrisch ab. Also war erneut keine Hilfe zu erwarten. Wie vor den Kopf gestoßen, stolperte ich hinaus. Was nun? Ich wollte mich gerade abwenden und zum Auto zurückgehen, da öffnete sich die Nebentür einen Spaltbreit. Ein junger Mann rief leise und streckte mir einen Schlauch entgegen. Er legte seinen Zeigefinger an den Mund, um mir verständlich zu machen, dass ich nichts sagen soll. Ohne mein dargereichtes Geld anzunehmen, verschwand er blitzschnell. Echt Glück gehabt! Erleichtert fuhren wir ins Hotel und ich reparierte den Reifen.

Aus unserer praktischen Erfahrung heraus können wir zweifelsfrei sagen, dass kleinere Notreparaturen meist problemlos in örtlichen Fachwerkstätten oder Fahrradläden ausgeführt werden.

In Deutschland gibt es 24-Stunden-Notdienst-Telefonnummern, die bei Mängeln an den Hilfsmitteln auch auf Reisen gute Dienste leisten können. Wir haben bisher damit keine Erfahrungen. Erkundigen Sie sich in Ihrem Sanitätshaus bzw. bei Ihrer Krankenkasse.

Komplizierter kann es im Ausland bei größeren Schäden werden. Sind die benötigten Ersatzteile im Land nicht zu beschaffen, ist der schnellste Weg meist der, sich an den Hersteller zu wenden und die Teile einfliegen zu lassen. Doch erkundigen Sie sich vorher nach den Kosten.

Was halten wir von Behinderten-Busreisen?

Die meisten unserer Reisen in der Vergangenheit haben wir selbst organisiert und allein oder hin und wieder mit Freunden durchgeführt.

Obwohl uns ein Besuch gereizt hatte, haben wir wegen des chaotischen Verkehrs lohnenswerte Ziele, wie Paris oder Rom, ausgespart. Als wir auf der Internationalen Tourismusbörse (ITB) in Berlin ein auf Behindertenreisen spezialisiertes Busunternehmen kennen lernten, kamen wir zu dem Schluss, dass Städtereisen mit einem Bus eine ideale Ergänzung für uns darstellen. Der Rollstuhllift am Bus ist komfortabel sowohl für uns als Rollstuhlfahrer als auch für Menschen, die Gehhilfen benötigen und denen Treppensteigen schwerfällt. Die genannten Städte haben wir auf diese Art schon bereist.

Doch es gibt auch weiterreichende Überlegungen. Da wir beide ein Post-Polio-Syndrom haben, also eine chronisch fortschreitende Erkrankung, könnte das Reisen mit Behindertenreise-Agenturen, also auch Busreisen, für uns bedeuten, auch zukünftig nicht auf Urlaubsreisen verzichten zu müssen. Bisher gibt es nur wenige Reiseagenturen, die spezielle Angebote für Menschen mit Behinderungen anbieten, obwohl die Anzahl, international gesehen, stetig anwächst. Da die Bevölkerung jedoch älter wird und das Reisen im Alter beliebt ist, ist damit zu rechnen, dass sich diese Situation weiter verbessern wird.

Warum sind Behinderten-Gruppenreisen so teuer?

Wir betreiben keine Behindertenreiseagentur und kennen somit auch deren Kalkulationen nicht. Da diese Frage uns jedoch häufig bei den Multimedia-Shows gestellt wird, möchten wir unsere Meinung dazu äußern.

Da Behindertenreisen in kleineren Gruppen durchgeführt werden, meist bis zu 20 Personen, ergibt sich ein finanzieller Mehraufwand, der auf den Reisepreis umgelegt wird. Dazu gehören die Fahrtkosten, das Begleitpersonal, Fremdenführer vor Ort, aber auch die höheren Hotelkosten. Nur höherwertige Hotels, und selbst diese eher begrenzt, haben mehrere Zimmer für gehandicapte Reisende. Die Gruppe soll schließlich gemeinsam in einem Haus untergebracht werden. Gruppentarife gibt es oft erst bei mehr als 20 Personen.

Wird ein rollstuhlgerechter Bus eingesetzt, sind die Kosten für Kauf bzw. Anmietung wesentlich höher als bei „normalen" Reisebussen. Bei den Behindertenreisen, die wir bisher mitgemacht haben, waren zudem alle Nebenleistungen, wie Verpflegung, Eintritte und Ausflüge, komplett im Preis enthalten. Bevor Sie eine Reise buchen, empfiehlt es sich, aufmerksam zu lesen, welche Leistungen mit dem Reisepreis bereits abgegolten sind, damit Sie keine „bösen" Überraschungen erleben - insbesondere bei „Schnäppchenpreisen".

Sie dürfen natürlich auch Äpfel nicht mit Birnen vergleichen. Eine Busreise mit nur geringen Leistungen vor Ort ist keinesfalls vergleichbar mit Angeboten, die alle oder die wesentlichen Leistungen bereits enthalten. Wenn man die Offerten führender Reiseveranstalter genauer betrachtet und die optionalen Ausflüge als Mehrkosten einrechnet, stellt man fest, dass solche Unternehmungen ebenfalls recht teuer sind.

Letztlich aber kann jeder nur für sich allein entscheiden, wieviel er von den ihm zur Verfügung stehenden Mitteln für das Reisen ausgeben will.

Wohin als Nächstes?

Wir haben bisher fünf der sieben Kontinente bereist. Manche intensiver, für andere haben wir noch Pläne. Ich liebe Tiersendungen, insbesondere solche, die in den Ozeanen und in Afrika gedreht wurden. Doch selbst einmal eine Safari erleben und die „Big Five", Elefant, Nashorn, Büffel, Löwe und Leopard, mit eigenen Augen in der Wildnis zu beobachten, das ist noch ein großer Traum. Ehrlich gesagt hat uns bisher die Malaria-Gefahr abgeschreckt. Wir wissen natürlich, dass es moderne Medikamente gibt. Doch hin und wieder liest man in Foren davon, dass sich trotz Schutzmaßnahmen Menschen infiziert haben. Sicher sind das Einzelfälle.

Wir haben fleißig recherchiert und eine passende Alternative für uns gefunden. In Südafrika entlang der sogenannten „Garden Route" wurden in den letzten Jahren riesige Wildtierreservate von privater Hand geschaffen. Die Tiere leben in freier Wildbahn und sind weitgehend vor Wilderern geschützt. Malaria tritt in dieser Region nicht auf, so dass wir uns endlich den lang gehegten Wunsch einer Wildtier-Safari erfüllen werden. Zudem soll Südafrika mit seiner bizarren Natur ausgesprochen sehenswert sein. Auch freuen wir uns auf Kapstadt, eine Stadt gelegen am Fuße des berühmten Tafelbergs zwischen Atlantik und Indischem Ozean, der man ein besonderes Flair nachsagt.

Danksagung

Danke an alle Freunde, Bekannte und die Familie. Durch Euren Zuspruch habt Ihr uns Mut gemacht, unsere Reiseerlebnisse niederzuschreiben, und habt damit zur Entstehung des Buches beigetragen. Der Reisebericht Griechenland konnte geschrieben werden, liebe Uta und Roland, weil wir mit Euch eine wunderschöne Urlaubszeit in diesem Land verbracht haben.

Herzlichen Dank, liebe Monique, für Deine tatkräftige Unterstützung bei der Gestaltung des Buchumschlages.

Unser Dank gilt der Fürst Donnersmark-Stiftung, besonders Frau Kühnen-Hurlin und Frau Josefine Stamm, denn dieses Buch wäre nicht geschrieben worden, wenn sie nicht den entscheidenden Anstoß gegeben hätten.

Besonders dankbar sind wir Frau J. Stamm für ihre kritischen Anmerkungen und die Anregung bezüglich des Buchtitels.

Frau Hilke Dethlefs lektorierte die entstandenen Kapitel präzise und verlieh ihnen zusammen mit ihrem Mann, Peter Dethlefs, den letzten Schliff. Sie war uns eine wunderbare Hilfe, die uns immer auch motivierte, den zeitlichen Gesamtablauf nicht aus den Augen zu verlieren. Dafür herzlichen Dank!

Wir bedanken uns weiterhin bei allen, die durch Ihre Unterstützung den Druck dieses Buches ermöglicht haben.

Unbedingt erwähnen möchten wir, dass unsere strenge Kritik bei der gegenseitigen Korrekturlesung, die hartnäckigen Diskussionen, die wir führten, aber auch die unermüdliche Unterstützung und Stärkung, die einer dem anderen gab, entscheidend dazu beitrugen, dass das Buch in dieser Ausführung vorliegt. Ein wahrlich gemeinsames Werk!